Erich Mühsam

Schriften der

Erich-Mühsam-Gesellschaft

Heft 30

Kunst als politische Waffe

oder als Mittel der Aufklärung?

EMG 2008

Gefördert durch die Hansestadt Lübeck (Bereich Kultur), das Land Schleswig-Holstein, die Possehl-Stiftung Lübeck und die Gemeinnützige Sparkassen-Stiftung

Herausgeberin: Erich-Mühsam-Gesellschaft e. V., Lübeck
Redaktion: Jürgen-Wolfgang Goette, Sabine Kruse
© :   Erich-Mühsam-Gesellschaft 2007;
                      für die einzelnen Beiträge bei den Autoren und Autorinnen
Textverarbeitung: Gerda Vorkamp, Lübeck
Herstellung: Books on Demand GmbH, Norderstedt
ISSN: 0940-8975
ISBN: 978-3-931079-39-0
Preis: 10,– €

Informationen: Erich-Mühsam-Gesellschaft, Buddenbrookhaus,
                      Mengstr. 4, 23552 Lübeck
                      E-Mail: info@buddenbrookhaus.de
                      www.erich-muehsam-gesellschaft.de

Inhaltsverzeichnis

Einleitung

Kunst als politische Waffe oder als Mittel der Aufklärung? Sie ist wohl beides. Beide Aspekte dieser Frage waren Thema der Vorträge auf der 18. Erich-Mühsam-Tagung, die traditionell in der Gustav-Heinemann-Bildungsstätte in Malente stattfand (18. bis 20. Mai 2007).

Bert Brecht sagt im Vorwort zu seiner „Kriegsfibel":

> Dieses Buch will die Kunst lehren, Bilder zu lesen. Denn es ist dem Nichtgeschulten eben so schwer, ein Bild zu lesen wie irgendwelche Hieroglyphen. Die große Unwissenheit über gesellschaftliche Zusammenhänge, die der Kapitalismus sorgsam und brutal aufrecht erhält, macht die Tausende von Fotos in den Illustrierten […] unentzifferbar dem nichtsahnenden Leser.

Pablo Picasso sprach von der Kunst als Waffe zur Verteidigung gegen den Feind; sie sei nicht erfunden, um Wohnungen auszuschmücken – oder wie John Heartfield sich 1957 in einem Interview mit Günther Schwarberg äußerte:

> Nur wenige können sich dem Kunstdiktat entgegenstellen, nur wenige erkennen es überhaupt. Viele fühlen sich frei, weil sie zu Hause machen können, was sie wollen. Dass sie es nicht sind, würden sie erst merken, wenn sie Wesentliches sagen.

*

Wir dokumentieren im Folgenden die Referate dieser Tagung. Bernd Bornemann (Lübeck) macht anhand einiger Beispiele Grundprinzipien der Karikatur deutlich und hilft uns, diese Bilder „zu lesen". Norbert Koczorski (Diepholz) stellt das Homeless Mail Art Projekt der Diakonie Freistatt vor. Wolfgang Kröske (Berlin) wirft erhellende Schlaglichter auf die Frage nach der politischen Wirkung von Literatur. Der Berliner Universitätslehrer Klaus Siebenhaar zeichnet ein Bild des für die Literaturgeschichte wichtigen Jahrzehnts zwischen 1910 und 1920. Es ist von Aufbruch und neuem Leben bestimmt. Der durch seine Aktionskunst bekannt gewordene Münchner Künstler Wolfram Kastner erläutert sein Kunstverständnis anhand einiger seiner Aktionen. Er setzt vor allem auf Aufklärung. Werner Seppmann (Gelsenkirchen) entwirft ein kritisches Panorama der gegenwärtigen Kunstpolitik. Für ihn herrscht ein nicht nachvollziehbarer Alleinvertretungsanspruch der abstrakten Kunst. Und schließlich geht Anna Lina Dux (Kassel) auf Stationen und Wandlungen der Geschichte des politischen Liedes ein.

Wie sagte Erich Mühsam so einprägsam: „Wehe dem Künstler, der kein Verzweifelter ist!"

Lübeck, Januar 2008

Jürgen-Wolfgang Goette
Sabine Kruse

Bernd Bornemann

Die Karikatur als Waffe im religiösen Kampf

Mein Versuch, in meinem Vortrag vor der Jahresversammlung der EMG mittels reichlicher Bilder und wenig Stichworten das Thema sozusagen „aus dem Beamer zu schütteln", war etwas gewagt. Ich sollte mich daher jetzt zu lesbaren Formulierungen zwingen, die mehr Struktur in die Sache bringen.

1. Zur Karikatur

Die Sache Karikatur ist zunächst älter als das Wort und beginnt bereits mit satirischen, burlesken und grotesken Darstellungen in der Antike. Der Begriff entsteht um die Mitte des 17. Jahrhunderts aus dem lateinischen Verb „caricare" = beladen, übertreiben und wird erstmals auf die Porträt-Zeichnungen der Gebrüder Carracci angewandt. Als bewusste Kunstform entsteht die Karikatur folge-

richtig auf dem Boden der italienischen Renaissance-Ästhetik, wo sie als Antithese zur gültigen Schönheitsnorm treten kann. Beispielhaft für die bewusste Verzerrung, Disproportionierung und Verhässlichung sind die *Groteskköpfe* von *Leonardo da Vinci* (3. Viertel 17. Jahrhundert).Später wird die Karikatur ein Synonym für alle Wendungen des Hässlichen schlechthin. Die symbolisch-allegorischen Flugblatt-Satiren des 16. bis 19. Jahrhunderts darf man ebenso zur Gattung der Karikatur zählen wie phantastische und groteske politische und unterhaltende Spottbilder und Bildgeschichten aller Art. Gegen Ende des 19. Jahrhunderts tritt mit dem modernen „Cartoon" eine neue Art der Witzzeichnung hinzu. Als politisches Instrument wurde die Karikatur besonders in den demokratischen Ländern Europas eingesetzt. Aber Vorläufer dieser modernen Kampfsatiren in den Presseorganen sind die spätmittelalterlichen Flugblätter, die in den christlichen Glaubensauseinandersetzungen der Reformationszeit eine große Rolle spielen.

2. Der Karikaturen-Streit

Dieses brisante Phänomen im offenbar nun angebrochenen Zeitalter des „Kampfes der Kulturen", um die fragwürdigen Thesen des US-Amerikaners Samuel Huntington zu nennen, überraschte die westliche Welt erheblich, wähnte sie sich doch im Besitz unbegrenzter Pressefreiheit inklusive des Rechtes auf freie, auch religiöse Satire. Die nach unserem Verständnis durchaus „erlaubten" *12 Mohammed-Karikaturen* der dänischen Zeitung *Jyllands-Posten* (September 2005) lösten bekanntlich einen Sturm der Entrüstung und der Gewalttätigkeiten unter einigen moslemischen Gruppierungen aus. Immerhin wurde auf einer der sonst nicht aufregenden und auch nicht qualitätvollen Satiren im *Kopf des Propheten* (siehe folgende Seite) symbolisch eine Bombe mit brennender Zündschnur eingebaut, was ihn als Quelle islamistischer Gewalttaten diffamiert. Beleidigung des Propheten ist indessen nach einigen islamischen Lehrmeinungen ein todeswürdiges Verbrechen, was auch im „aufgeklärten" Westen bekannt sein müsste. Hier stoßen, gerade in Zeiten des realen „Terror- und Antiterrorkampfes", zwei Welten aufeinander. Und die Berufung auf die vielgerühmten „westlichen Werte" (z. B. Meinungs- und Pressefreiheit) überzeugt, angesichts evidenter Verbrechen seitens einiger Demokratien, nicht sonderlich.

Kurt Westergaard

Grundsätzlich zeigt sich: auch Karikaturen funktionieren nur in einem bestimmten Kontext und werden, je nach religiöser oder politischer Wahrnehmung oder auch propagandistischer Instrumentalisierung, ganz unterschiedlich wahrgenommen und bewertet. Westliche Empörung über einige heftige islamische Überreaktionen, wie sie der SPIEGEL-Autor Henryk M. Broder in gewohnt bigotter, polemischer Weise („Epidemie des Wahnsinns", Nr. 13/2007) vorgibt, können nur das Klima zwischen den monotheistischen Weltreligionen weiter verschlechtern. Gerichtliche Auseinandersetzungen, etwa in Frankreich, um eine nicht heilige Werte verletzende Satire der Karikaturen-Zeitschrift „Charly Abdo", auf der Mohammed sich die Haare rauft und spricht: „Es ist hart, von Dummköpfen umgeben zu sein", endeten – zum Glück – mit Freispruch. An gehässigen Comics gegen die islamische *Hisbollah* fehlte es übrigens auch nicht (siehe folgende Seite).

3. Der religiöse Bilderkampf im Zeitalter der Reformation

Blicken wir von der aktuellen, aufgeheizten Debatte um die Mohammed-Karikaturen zurück in die europäische Geschichte des religiösen Bilderstreits, dann erhellen oder relativieren sich doch so manche Maßstäbe, was zumindest den Respekt vor „heiligen" Personen und Institutionen des Christentums angeht.

Wie keine anderen historischen Gestalten lösten der Papst und Martin Luther (später auf politischer Ebene Napoleon) eine Welle von graphischen Bildsatiren aus. Vor allem das Mittel der symbolhaften Porträt-Karikatur wurde in diesen Meinungs-Schlachten verwendet. Ohne das wirksame Instrument der Propaganda-Bilder und -Schriften wäre die Reformation kaum so vorangetrieben worden. Bedeutende Künstler wie Lukas Cranach d. Ä. und die Brüder Beham sowie Dichter wie Hans Sachs nahmen an den religiösen Flugblatt-Kämpfen teil. Es ging wahrlich auch um mehr als bloße Satire, vielmehr um Grundüberzeugungen. Die Bildsatire war ein spezielles Ausdrucksmittel der Protestanten und ist es auch in den folgenden Jahrhunderten eher in den nordeuropäischen Ländern geblieben.

Ein Höhepunkt reformatorischer Papst-Polemik war die von Luther herausgege-
bene Schmähschrift „Wider das Papsttum zu Rom". In unüberbietbarer Schärfe
wird etwa die Erhängung des Papstes und seiner Kardinäle im Holzschnitt gezeigt. Diese Freizügigkeit wäre heutzutage kaum mehr ohne gerichtliche Folgen
denkbar. Der bekannte *Papstesel* und das *Mönchskalb* von Cranach (1523) sind
noch harmlose Beispiele tiersatirischer Schmähzeichnungen.

Der Bapftefel zu Rom   **Das Müncbkalb zu Freyberg**

Die Gegenbewegung gegen die Lutheraner blieb nicht aus. Thomas Murner ver-
spottete Luther und seine Anhänger in seiner Schrift „Vom großen Lutherischen
Narren". Die „ecclesia militans", also die streitbare römische Kirche, stellt in
einem Flugblatt *Luther als Schwein mit Doktorhut* dar, nachdem zuvor die Jesui-
ten von protestantischer Seite mit dem Leben der Schweine verglichen worden
waren.

Ausschnitt

Von hochaktueller Metaphorik zeugt die antijesuitische Radierung aus dem Dreißigjährigen Krieg *Allgemeiner Landschwarmb der Jesuitischen Heuschrecken* (1620): Unter dem Schutz des Papstes verwüsten die jesuitischen Heuschrecken alle Länder Europas durch Einrichtung von Ketzergerichten und Anstiftung von Kriegen. Als ob die im Neoliberalismus unserer Tage grassierenden Hedgefonds-Heuschrecken vorweggenommen wären ...

4. Die Kirche in der Karikatur unserer Zeit

hat bei weitem nicht mehr den glaubenskämpferischen Stellenwert wie im 16./17. Jahrhundert. Die längst etablierte Macht des Papsttums, der Kirche und ihrer Vertreter wird meistens zum Gegenstand relativ harmloser Karikaturen und Cartoons. Die bekannten Satiren auf den „Pillenpapst" Johannes Paul II. wären zu erwähnen oder der Streit um das Aufhängen von Kruzifixen in bayrischen Schulen. Der neue deutsche Papst Benedikt XVI., Nachfolger des polnischen Johannes Paul II., wird in einer sehr witzigen Fotomontage, mitsamt der deutschen Sozialmisere, persifliert: „Hartz IV – Deutscher übernimmt Polenjob". Im Konsumzeitalter bekommt die Kirche auch ihr Fett weg, wenn sie etwa den *Kölner Dom* (nebenbei auch unsere Lübecker Marienkirche!) *als Werbeträger für Pizza* bzw. Bausparkassen-Werbung selbst entweiht.

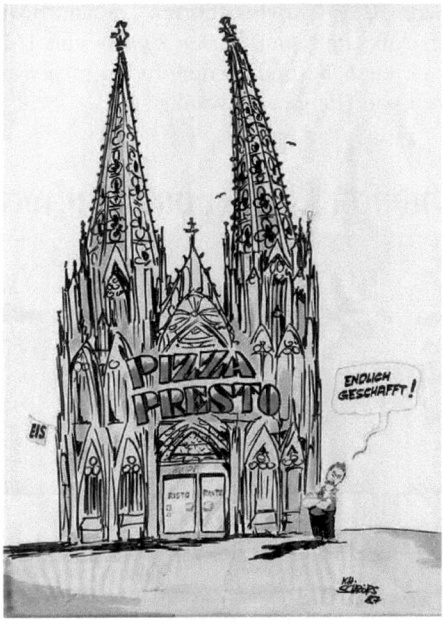

Eine weitgehende Respektlosigkeit gegenüber dem Heiligen selbst, wo gar die Heilige Dreieinigkeit in Cartoons veralbert wird, ist mittlerweile in unseren Breitengraden an der Tagesordnung, auch wenn man da wahrlich geteilter Meinung sein kann, was die Pietät angeht.

5. Juden in der Karikatur

Der große Sitten- und Karikaturgeschichtler Eduard Fuchs hat sich in einem umfangreichen Bildband von 1921 der „Geschichte der Juden in der Karikatur" in sachlicher Weise angenommen. Der Karikatur ist bekanntlich nichts heilig, und so darf man m. E. auch nicht im Nachhinein, aufgrund des schrecklichen Holocaust-Geschehens im letzten Jahrhundert, eine Art Zensur-Mantel über dieses Kapitel der Kulturgeschichte breiten. Wie andere Völker, Religionsangehörige und Minderheiten auch, wurden Juden schon früh, und zwar von Spöttern verschiedener Nationen, in bestimmter, sicherlich auch gehässiger Weise charakterisiert.

Wie in der Reformationszeit die jeweiligen Feinde in den religiösen Auseinandersetzungen stellte man schon im Mittelalter die Juden als Schweine dar, vor allem im Hinblick auf ihre kultischen Praktiken. Die angebliche Schuld der Juden am Kreuzestod von Jesus Christus führte zu einem bis in unsere Tage reichenden „christlichen Antisemitismus". *Der Kipper* von 1622 zeigt einen jüdischen Geldwechsler – jenen besonders den Juden zugewiesenen Beruf – der zwischen Gerechtigkeit und Habgier schwankt.

Ende des 19. Jahrhunderts erscheinen in Ländern wie Österreich, Frankreich und Russland handfeste antisemitische und antizionistische Karikaturen. Der jüdische Bankier Rothschild verkörpert die Weltherrschaft des jüdischen Kapitals, unter Anspielung auf das alttestamentarische Goldene Kalb. In Deutschland und Österreich, hier auch in religiös-politischer Mission, erscheinen nach dem 1. Weltkrieg heftige antijüdische Karikaturen. Das Reklameplakat des Rassenromans von Artur Dinter, *Die Sünde wider das Blut* (1919), wird von einer bösen Zeichnung „geziert": Ein Geier, mit „typisch jüdischer Kritikerphysiognomie" krallt sich in den Körper eines darniederliegenden germanischen Jünglings. Der Zeichner heißt A. Paul Weber!

Analog dazu würgt auf einem Plakat der „Deutschen Christen" in Österreich (1920) eine jüdische Schlange den Doppeladler.

Jenseits symbolischer und künstlerisch noch gekonnter Karikaturen sind die plumpen antisemitischen Hetzzeichnungen des nationalsozialistischen „Stürmer", auf denen der alte Topos des von den Juden ans Kreuz genagelten und wiederauferstandenen Christus mit einer neuen „Auferstehung" des vom Judentum gekreuzigten Deutschen Reiches verknüpft wird. Mit den Waffen der Karikatur oder der bildlichen Propaganda wird der Kampf um die „rechte Weltanschauung" geführt, ein Kampf, der bald im Holocaust gipfeln sollte.

Die jüngsten strategischen Allianzen zwischen den USA und Israel, dem ja eine große Zahl von muslimischen Feinden zum Oper fiel, dürfen den Zeichnern des anderen Lagers wohl einen Grund für legitime karikaturistische Gegenwehr gegen permanente politische Unterdrückung geliefert haben. Religiöse und politische Motive verbinden sich, wie so oft! (siehe folgende Seite)

"Jeder, der Israel anerkennt, wird im Zornesfeuer des Islam verbrennen!
...und wir nutzen angereichertes Uran nur zu friedlichen Zwecken."

6. Humor, Satire, Karikatur in den Religionen

Toleranz, Tabus, Zensur

Humor hat in den verschiedensten Religionen durchaus seinen Platz. Große Unterschiede aber gibt es im Umgang mit den heiligen Werten und den religiösen Normen. Und selbstverständlich ist es immer eine andere Sache, ob es um innerreligiöse Selbstironie oder um Satire und Ironie geht, die von außen kommt.

Christen amüsieren sich häufig über ihre eigenen Themen und pflegen gern harmlose Wort- und Zeichenwitze. In liebenswürdiger Weise und mit großem Erfolg zeichnete Jean Effel etwa die Gestalt Gottes als alten Mann mit weißem Bart und Glatze. Aber sobald es, vor allem der katholischen Kirche, um ernste Tabuverletzungen geht, kommt es nach wie vor – wie im Fall *Haderer, Das Leben des Jesus* (2002) – zu gerichtlichen Zensurversuchen seitens der Kirchenführung. Jesus als weihrauch-drogenkonsumierender Gottessohn löst bei einigen Herrschaften und Gläubigen denn doch Empörung aus.

Wie die Sammlung von Salcia Landmann, der Altmeisterin des jüdischen Humors, aufweist, zeichnet die **Juden** eine hervorragende Fähigkeit zur Selbstironie aus, wenn es etwa um ihre strengen Sabbat-Gesetze und Rituale angesichts einer andersartigen Umwelt geht. Ein spezifischer Sarkasmus und Galgenhumor entwickelte sich auf dem Hintergrund der langen Verfolgungsgeschichte. Einiges von an Selbsthass grenzendem Humor könnte oberflächlich als „antisemitisch" bezeichnet werden, stammt aber nicht selten aus eigener jüdischer Feder. Die Gestalt des unnennbaren Gottes darf bekanntlich in keiner Weise dargestellt werden, im Gegensatz zum christlichen Kulturbereich. Da es im Judentum ein Missionsverbot gibt, sind andere Religionen auch nicht Gegenstand satirischer Pamphlete. Im Politischen freilich verhält es sich anders.

Die Frage nach dem Humor im **Islam** drängt sich nach den Karikaturenstreit-Ereignissen auf. Auch in dieser Religion gibt es Anekdoten und Humor. Nasredin Hodscha, eine Figur im Maghreb etwa, ist ein Synonym für Schlitzohrigkeit und Bauernschläue. Viele Sufi benutzen den Humor, um den Menschen einen Spiegel vorzuhalten. Aber: es gibt, wie oben erwähnt, strenge Tabus: Allah, der Prophet Mohammed und die biblischen Propheten dürfen kein Gegenstand von Witzen oder gar Satiren sein. Sich über diese internen Tabus hinwegzusetzen, zeugt nicht unbedingt von der „Toleranz" der anderen Seite.

Im **Hinduismus** wie im **Buddhismus** gibt es zweifellos auch Humor. Der Zen-Buddhismus arbeitet bei der Unterweisung mit humoristischen Geschichten. Der Dalai Lama wird im Westen für seinen „göttlichen" Humor geliebt. Beide Religionen aber haben auch da ihre Grenzen, wo das Heilige verletzt werden könnte.

Die nicht-monotheistischen Religionen neigen allerdings viel weniger zu Militanz, zur Abwertung oder Bekämpfung anderer Religionen und zeichnen sich durch viel größere Akzeptanz und Toleranz dem anderen gegenüber aus. Es ist nach dem friedfertigen toleranten Verständnis des Buddhismus, der ja auch mehr eine Philosophie denn eine Religion ist, nahezu unmöglich, ihn als Vorwand für Kriege zu missbrauchen. Die Buddhisten allgemein sind nicht so empfindlich gegenüber Angriffen auf ihre Religion wie die monotheistischen Gläubigen. Da ließe sich einiges lernen! Kriege, meist durch üble Propaganda- und Diffamierungskampagnen vorbereitet und begleitet, werden in eklatanter Weise ganz überwiegend von den monotheistischen Religionen geführt. In der verbalen Diffamierung und menschenverachtenden Anmaßung, von Gott, Allah oder der Weissagung zu diesen Kämpfen berufen zu sein, sind sich dabei alle drei abrahamitischen Religionen ähnlich, auch wenn ihre Heiligen Schriften anderes verkünden oder zu verkünden scheinen. Indem bei den monotheistischen Religionen Gott auf ein Wesen außerhalb des Menschen projiziert wird, fühlen sich die Menschen selbst in ihrem heiligen Kern angegriffen, wenn „ihr Gott" angegriffen wird. So entstehen leider immer wieder blutige Glaubenskriege.

Ich möchte, angesichts der nach wie vor angespannten, intoleranten und militanten Lage in einem Teil der Welt mit einem Plädoyer für das Recht auf Karikatur und Toleranz schließen:

7. Karikatur im Fundi-Zeitalter

Auch Du brauchst das Recht auf Karikatur – nur
setzt das voraus: Du bist nicht zu stur
und stupid-hybrider Fundamentalist,
der prinzipiell religiös beleidigt ist.
Ja, wer glaubt, er kenne die Wahrheit allein,
muss schon ein beschränkter Fundi sein.
Was fehlt, ist ein Menschenrecht auf Humor,
das die Nichtorthodoxen schützen kann vor
der Dummheit, Dreistigkeit, Inquisition
aller Fundis, denn die kennen wir schon
vom Totalitarismus – Faschismus pur,
und was war da verboten? Echte Karikatur!
Der Papst darf schon mal ein „Esel" sein,
der Landesvater ein „schnüffelndes Schwein",
König und Kanzler eine „faulige Birne",
die Diva, wenn's sein muss, 'ne „deftige Dirne".
Und für sogenannte Heilige und Propheten
muss die Karikatur nicht auch noch beten!
Ja, die Eitelkeit jener „Kartoffel" aus Polen
bleibt den Satirikern gottlob gestohlen.
Karikatur ist ein Grundrecht der Demokraten,
und man kann allen freien Menschen nur raten:
Nutzt und schützt uns den Witz als Waffe,
auf dass er uns kritischen Abstand schaffe
zu jenen gekränkten Leberwürsten,
die nur nach Meinungskontrolle dürsten.
Krieg und Terror schließlich kennt keinen Humor.
Doch da sei uns St. Caricaturus davor!

Norbert Koczorski

Gemeinschaft verwirklichen

Homeless-Mail-Art-Projekt der Diakonie Freistatt/Bethel

Sehr geehrte Damen und Herren, liebe Freunde und Freundinnen der Erich-Mühsam-Gesellschaft. Ich mache Kunst, beschreibe sie nicht. So möchte ich mein Kurzreferat auch Text-Collage nennen. Ich zitiere aus Wikipedia, ich zitiere Wolfgang Tereick, den Leiter der Diakonie Freistatt, Haike Rausch, Künstlerin aus Frankfurt am Main, und mich selbst.

Seit den achtziger Jahren bin ich mit Arbeiten im Netzwerk der Mail-Artisten zu finden. Was ist Mail Art? Mail Art, von ihrem Begründer Ray Johnsen auch „Correspondent's Art" genannt, ist Kunst per Post und somit die sublimste Form der Korrespondenz. Vordergründig geht es dabei um im Netz des Postdienstes gesendete Briefe, Karten, Gegenstände und Dokumentationen von Aktionen, Ausstellungen und anderen Kunstobjekten, die von den Mail-Art-Künstlern individuell gesammelt und archiviert werden. Wesentlich ist jedoch der Prozess der fortgesetzten kollektiven Selbstschöpfung des Netzwerkes durch seine Akteure, also Aktion und Kommunikation, nicht materielle Kunstobjekte. Im Kontext von Medientheorien und konzeptioneller Kunst seit den 1960er Jahren galten die von Netzwerkern versehenen Gegenstände und Mitteilungen nur als Spuren des umfassenden künstlerischen, politischen und philosophischen Unternehmens Mail Art. In Anlehnung an den Begriff der „Fête Permanente" des Fluxus-Künstlers Robert Filliou wird Mail Art von den Beteiligten oft auch „ewiges Netzwerk" genannt. Mit diesem Namen versuchte die Mail Art, sich auch Nicht-Künstlern zu öffnen, ihren nicht-kommerziellen Charakter und ihre Distanz zum Kunstmarkt auszudrücken. So wurde Mail Art auch als soziales und politisches Medium genutzt, beispielsweise als Mittel des Widerstandes in den Diktaturen Lateinamerikas und Osteuropas.

Zum eigentlichen Projekt: Seit mehreren Jahren, schon vor der Diskussion um Hartz IV, seiner Einführung und danach, treibt die Politik, mit Unterstützung der Journaille, den sogenannten „Sozialschmarotzer" durch die Medienlandschaft. Als früherer Wohnungsloser und jetzt Hartz-IV-Bezieher fühlte ich mich persönlich angesprochen. Wut allein reicht nicht, ich musste reagieren. So kam mir die Idee, zu einem Mail-Art-Projekt zum Thema Obdachlosigkeit aufzurufen. Bei meinen knappen finanziellen Mitteln war es mir unmöglich, das Projekt zu finanzieren. Ich suchte die ARGE Diepholz auf, besprach das Projekt mit meinem Fallmanager und erhielt die Zusage, dass das Projekt mit einem „Ein-Euro-Job" finanziert werden kann. Daraufhin schrieb ich an den Leiter der Diakonie Freistatt, Herrn Tereick, und stellte ihm das Projekt vor und bat um die Finanzierung. Kurze Zeit später trafen wir uns mit Frank Kruse, zuständig für Qualifizierungsmaßnahmen der Frei Pro GmbH der Diakonie Freistatt und startete das Projekt. Ich kann mich nicht genug bedanken für die Finanzierung. Es sind bis heute allein ca. 300 € an Portokosten bezahlt worden. Sowie die großzügige Finanzierung des 4-Farben-Katalogs sowie die Anfertigung der Spezialrahmen, da die Exponate von den Künstlern oft beidseitig gestaltet wurden.

1899 gründete Friedrich von Bodelschwingh eine Arbeiterkolonie für Wanderarme unter dem Motto: Arbeit statt Almosen. Inzwischen ist aus Freistatt/Bethel ein modernes soziales Dienstleistungsunternehmen mit sieben Fachabteilungen zwischen Bremen und Osnabrück geworden. Dort finden Menschen Arbeit, fachlich qualifizierte Begleitung und Lebensperspektiven. Die Wohnungslosenhilfe hat 156 Plätze.

Ich bin froh und glücklich über jede Arbeit, bis heute sind 60 Arbeiten von Künstlern aus aller Welt eingegangen. Ich persönlich bewerte keine Arbeit, als Mail-Art-Artist bin ich ein Gleicher unter Gleichen. Ich will hier einer Künstlerin die Möglichkeit geben, ihre Arbeit zu beschreiben und zitiere aus einem Gespräch mit Haike Rausch, Mitglied der Künstlergruppe 431art. Sie stellte im Zusammenhang mit dem Thema Obdachlosigkeit die Frage nach Heimat. Auf ihrer Postkarte findet sich ein Textzitat aus dem Lexikon zu Heimat, das diese als den geographischen Ort einer „in Lebenseinheit handelnden, nomadischen oder dauernd siedelnden Menschengruppe" beschreibt. Inwieweit deckt sich der tatsächliche Wohnort mit der gefühlten Heimat eines Menschen? Welche äußeren Merkmale sind es, die einen auf das vorübergehende „Zuhause" eines nomadisch lebenden Menschen aufmerksam machen? Der Wohnort verrät uns einiges über den gesellschaftlichen Status eines Menschen und er bestimmt zu einem großen Teil die Art und Weise sozialer Kontakte. Wird ein Mensch obdachlos, verliert er seine sozialen Kontakte und seine Wohnung. Er verliert damit auch seine äußere Identität.

Das Fotomotiv zeigt eine Wäscheleine mit fein säuberlich aufgereihten Wäscheklammern. Alltägliche Gebrauchsgegenstände. Nur dass diese Wäscheleine nicht auf einem Balkon hängt, sondern in Frankfurt/Main unter einem Autobahnzubringer an einer Schnellstraße. Auf einem Stück „Niemandsland", umgeben von Schnellstraßen, nicht ungefährlich zu erreichen. Man muss sein Umfeld während des Fahrens auf dieser Straße schon aufmerksam beobachten, um diese Leine, auf der die Künstlerin erst zweimal Wäsche hängen sah, zu bemerken. Diese dauerhaft dort hängende Leine ist das einzige Indiz dafür, dass hier ein Mensch siedelt. Als Haike Rausch diesen Ort mit der Kamera erreichte, fanden sich außer dieser Leine nur noch ein Trinkplatz für Vögel, einige gut verstaute zusammengefaltete Kartons und etwas entfernt davon ein über einem Stock zwischen zwei Bäumen hängender Karton – offenbar zum Trocknen aufgehängt.

Der im eurasischen Raum entstandene Begriff Heimat
umfaßt die gesamte Merk- und [...]
v. Uexkülls I. als geo[...]
in Lebenseinheiten [...]
siedelnden Men[...]

Es war schon eigenartig, wie wenige Dinge einem unwirtlichen Ort etwas von Privatheit verleihen können. Ich befand mich unter einer Autobahnbrücke und hatte plötzlich das Gefühl, in die Privatsphäre eines anderen Menschen einzudringen. Irritierend war auch die betonte Unauffälligkeit eines vom öffentlichen zum privaten Raum gewordenen Ortes. Die Unsichtbarkeit als einziger Schutz der Privatsphäre. In diesen wenig bewusst und akkurat platzierten Dingen kommt für mich so viel Würde und Selbstachtung sowie Mitgefühl mit anderen Lebewesen zum Ausdruck. Dies veranschaulicht eindrucksvoll, dass und wie sich ein obdachloser Mensch in seiner Situation Selbstachtung und ein Stück Selbstbestimmtheit aufrecht erhält. *(Haike Rausch)*

Ich möchte auch Wolfgang Tereick zitieren, der in seiner Eröffnungsrede der Postkartenausstellung zum Thema Obdachlosigkeit/Heimatlosigkeit sagte:

„The man before Jesus was a homeless too – der Mensch vor Jesus war auch obdachlos." Den Satz finden Sie auf der Karte von Albrecht/d. Daraus klingt für mich die Hoffnung, dass es demnach auch anders sein könnte: ein Leben ohne Obdachlosigkeit und eine Heimat zu finden.

Diese Hoffnung findet sich schon in der Inschrift der alten Freistätter Kirche von 1903 und in der neuen von 1978: „Es ist das Kreuz von Golgatha: Heimat für Heimatlose." So soll es sein, und deshalb gehört auch die „Homeless-Mail-Art-Ausstellung" zuerst nach Freistatt, um Hoffnung zu machen, ohne zu beschönigen, um Farbe ins Leben zu bringen, ohne das Dunkle zu übertünchen, um der Einsamkeit der Straße Sprache zu geben, damit die Hilferufe der Stummen nicht überhört werden.

Kunst kann verändern und Mut machen. Dafür gibt es genug Beispiele in der Geschichte, wo Menschen in verzweifelten Situationen ihre Angst nicht nur herausschrien, sondern auch verarbeiteten. Bilder und Romane aus den KZs bezeugen das oder die Konzerte im Warschauer Ghetto. Kunst kann verändern und Mut machen. Dazu muss man sie an sich heranlassen. Vielleicht wird diese Ausstellung auch ein Beitrag in der gerade neu entfachten Diskussion über Armut und Unterschicht. Hoffnung – keine einfachen Lösungen!

Die scheinbare Gemütlichkeit des Bahnhof-Wartessaals ist noch keine Lösung für gestrandete Menschen. Martin Schwarz setzt deshalb dunkle Wolken darüber.

Ein Anfang vielleicht, aber auch noch keine Lösung, die angefaulte Banane und die leere Weinflasche von Klaus Staeck aus Heidelberg auch nicht. Zuerst muss wahrgenommen werden, wie Menschen leben müssen – sofern man das noch oder schon „Leben" nennen kann:

Hoffnung wird dann dagegen gesetzt: mit der Rose. Den Stiel aus Stacheldraht hat Bernd Stellmacher zu einem Herzen geformt.

Am Ende – jedenfalls des Katalogs zur Ausstellung – steht als Hoffnung die Weltkarte von Keith Bates, die überall Heimat bietet.

Zum Schluss möchte ich über Kunst sprechen, nicht über Richter und Urteile eines sogenannten Sozialen Gerichts, nicht über die Puffbesuche einiger Manager oder was die Damen und Herren der Politik mit Hartz IV angerichtet haben.

Die Angst geht um! Die Ängste der Menschen sind unterschiedlich, doch treibt sie die Verzweiflung in panischen Momenten auf die Straße. Wie viele Menschen habe heute Nacht Angst, wie sie auf der Platte überleben können? Wir Künstler können die Ängste und Nöte der obdachlosen Menschen darstellen, damit zeigen, dass es Armut und Not in unserer Gesellschaft gibt.

Auf meiner Einladung für das Projekt zitierte ich Antonin Artaud: „Es ist die soziale Pflicht der Kunst, den Ängsten ihrer Epoche ein Ende zu machen." Die Kunst an sich muss gar nichts, sie ist eine freie subjektive Äußerung des Künstlers. Umso mehr hat es mich gefreut, dass 60 Künstler zu dem Thema Obdachlosigkeit etwas zu sagen hatten. Sie drücken ihre Solidarität mit dem obdachlosen Menschen in ihren Arbeiten aus, ja sie wollen Gemeinschaft verwirklichen. „Gemeinschaft verwirklichen" – so heißt der Aufruf von Bethel. Er regte mich zu dem Titelblatt des Katalogs an. „United Artist" – vereinigte Künstler solidarisieren sich mit den obdachlosen Menschen.

Vielen Dank und Bravo allen Mitarbeitern, Künstlern und der ARGE Diepholz, der Diakonie Freistatt und Bethel Bielefeld, für ihre Arbeit und Unterstützung. Vielen Dank auch der Erich-Mühsam-Gesellschaft, also Ihnen, dass ich das Projekt hier vorstellen durfte.

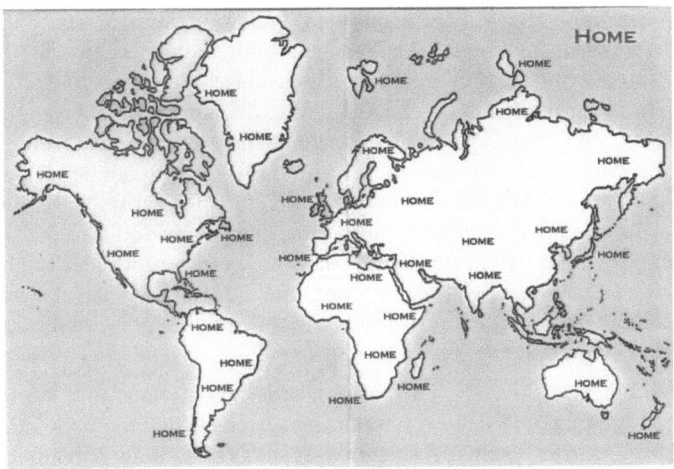

Wolfgang Kröske

Der Künstler als Kleinbürger zwischen den Klassen

Marx – Gramsci – Bloch und andere

1

Kunst als Waffe – ein mythologisch wie historisch außerordentlich umfangreiches Thema: Schon die Mauern von Jericho im Alten Testament wurden durch den schrecklichen Lärm der Schofarhörner in ihren Grundfesten erschüttert und fielen einfach um (Josua 6). Musik als Waffe dient von den Luren der Wikinger über die Kakophonien der Janitscharen bis zum „Judenblut-vom-Messer-spritzt" des Horst-Wessel-Liedes der Einschüchterung des Gegners, er soll durch Lautstärke, Misstöne und Brutalität, von Gegröle und Text bereits vor Kampfbeginn so eingeschüchtert werden, dass er sich nicht mehr wehrt. Die friderizianischen Trommeln und Pfeifen, die Kommando-Trompeten bis hin zur modernen Militärmusik haben das gegenteilige Ziel: Die dressierten Rekrutenreihen sollen blindlings ins gegnerische Feuer laufen und sich umstandslos töten lassen. Insofern ist schon jedes harmlose Marschmusik-Festival als Kriegshandlung zu werten und man sollte die unverbesserlichen Verrückten, die so etwas als Zuschauer goutieren, unter *friendly fire* nehmen.

Aber nicht nur Musik erzeugt Zerstörung. Eine krasse Wirkung von Literatur berichtet das 4. Buch Mose: Als die aufrührerische Rotte Korah, dieselben Leute, die schon durch die Anbetung des Goldenen Kalbes von sich reden machten, dem ewigen Symbol für Kapitalismus und Mammon, wieder mal die einträglichsten Priesterplanstellen des Volkes Israel für sich beanspruchten, spricht Mose ein Machtwort, „und es geschah, als er diese Worte ausgeredet hatte, da spaltete sich der Erdboden und verschlang alle, die Korah angehörten, und ihren ganzen Besitz" (4. Mose 16). Welch romantische Vorstellung: Wenn man die bösen Worte wüsste, könnte man sich im Frankfurter Bankenviertel positionieren und die heutigen Anbeter des Goldenen Kalbes im Erdreich versinken lassen, samt „ihrem ganzen Besitz"! Beim Untergang von Sodom und Gomorrha verwandelt der starke Effekt der Feuer- und Schwefel-Eruptionen Lots Weib in eine erstarrte Salzsäule, eine Kunstwirkung, die das moderne Theater vergeblich zu wiederholen versucht, hier verwandelt die tobende Langeweile die Zuschauer höchstens in bebende Schnarchsäcke.

Gibt es also einen nachweisbaren Zusammenhang von Kunst und Wirkung, der über das geschmacklich-dekorative Unterhaltungsbedürfnis und Zeitvertreib hinausreicht? Im griechischen Altertum war die Vorstellung Allgemeingut, die Künste und das Geistige überhaupt besäßen die Macht, Menschen und Gesellschaften zu beeinflussen und zu verändern wie mit (Waffen-)Gewalt; die Griechen erfanden für alle Natur-Kräfte eigene Symbolgestalten, auch für die Künste: die neun Musen, die im Gefolge Apollos auftraten, dem Gott der Schönheit. Kalliope symbolisierte die epische Erzählkunst, Melpomene Tragik, Thalia Komik auf dem Theater. Euterpe vertrat die Lyrik, Terpsichore Tanz und Chor, Erato" die Liebesdichtung. Besonderes Pech traf die für Dichtung von Hymnen zuständige Polyhymnia in Deutschland: In Ost wie West wollte man nicht mehr die Urfassung der Staatshymnen singen, weder „Deutschland über alles" noch „Deutschland einig Vaterland". Auch der schöne Brechttext wurde bei der Vereinigung verworfen, so dass man hier immer noch nach der Melodie eines ehemals befeindeten Nachbarstaates öffentlich feiert, dem Kaiser-Quartett für Joseph I. von Österreich. Urania beschützte die Astronomie samt allen schicksalsdeutenden Ableitungen, quasi die Muse der Zukunft, während mit dem Papyrus in der Hand Klio die Vergangenheit bzw. Geschichtsschreibung darstellt, was nebenbei die weise Einsicht transportiert, dass „Geschichte" keine objektive Größe ist, sondern eine Kunstform! In gewohnter Perfektion formulierte Karl Marx den objektiven Zusammenhang von Gedankenkraft und Gesellschaftsveränderung:

> Die Waffe der Kritik kann allerdings die Kritik der Waffen nicht ersetzen, die materielle Gewalt muss gestürzt werden durch materielle Gewalt, allein auch die Theorie wird zur materiellen Gewalt, sobald sie die Massen ergreift. Die Theorie ist fähig, die Massen zu ergreifen, sobald sie ad hominem demonstriert, und sie demonstriert ad hominem, sobald sie radikal wird. Radikal sein ist die Sache an der Wurzel fassen. Die Wurzel für den Menschen ist aber der Mensch selbst. (MEW 1, S. 385)

Die christliche Muse der Musik ist die Heilige Cäcilie, und in der gleichnamigen Novelle erzählt Heinrich von Kleist die Bekehrung von Kirchendieben durch die „Gewalt der Musik", – irgendwas muss also dran sein.

Wenn wir nach der Wirkkraft von Kunstprodukten suchen, können wir die Frage nicht von den modernen Übertragungswegen trennen. Thomas Manns berühmte Reden über BBC nach Deutschland hinein sind Beispiele exzellenter Redekunst, der Soldatensender Calais versuchte unter Mitwirkung erstklassiger Künstler gutgebaute antifaschistische Propagandatexte unter den deutschen Soldaten zu verbreiten, um sie zur Aufgabe zu überreden. Die verschwindend geringe Anzahl von deutschen Überläufern, ca. 90.000 von 13 Millionen, nicht mal ein Prozent, zeigt das völlige Versagen dieser Kunstformen, ebenso wie die millionenfach abgeworfenen Übergabeaufforderungen mit angehängtem Passierschein und die direkten Propaganda-Ansprachen von Erich Weinert, Walter Ulbricht und den Kameraden vom Nationalkomitee Freies Deutschland aus den russischen Schützengräben heraus. Über LKW-große Lautsprecheranlagen wurden die schmissigen Songs von Ernst Busch abgespielt, deren Wirkung sich doch scheinbar niemand entziehen kann. Aber der deutsche Soldat blieb unbeirrt seinen Schlächtern treu und ließ sich noch bis fünf nach zwölf von schrecklichen Marinerichtern à la Filbinger hinrichten. Dieses Nichtaufgeben selbst auf verlorenem Posten hat die Sowjetsoldaten immer wieder bis zur äußersten Erbitterung gereizt und in der Folge die bekannten Vergeltungsaktionen an der besiegten Zivilbevölkerung hervorgerufen.

Die einzige massenhaft verbürgte Wirkung von Radiomusik ist eine partiell friedensstiftende: Wenn zum Programmschluss der deutsche Soldatensender Belgrad das Lied *Lili Marleen* von Lale Andersen sendete, herrschte an den Fronten, wo das zu empfangen war, stets ein paar Minuten Waffenruhe, bis der Wahnsinn von Neuem losbrach. Überhaupt frappiert die offenkundige Wirkungslosigkeit sogar bei Texten, die speziell als „Waffe" konzipiert waren. Von Klaus Mann wird kolportiert, dass er den Roman *Mephisto* geschrieben habe, um seinen Schwager Gustav Gründgens ins KZ zu bringen; wie man weiß, erfolglos. Oskar Maria Graf hatte mit dem ergreifenden Protest gegen die Bücherverbrennung der NS-Studenten am 10. Mai 1934, *Verbrennt mich!*, worin er das Verbot auch seiner Werke forderte, nicht mal ex negativo Erfolg, *Das bayrische Dekameron* und ähnliche Bauerngeschichten blieben gern verbreiteter Lesestoff in den Bibliotheken des Dritten Reiches. Weder Friedrich Wolfs *Professor Mamlock* noch Anna Seghers' *Das Siebte Kreuz*, noch die gesamte Exilliteratur hatten irgendwelche messbare Wirkung bei der Herstellung oder Kräftigung der Anti-Hitler-Koalition.

Ich weiß natürlich auch, dass mit der Fragestellung „Kunst als Waffe?" ein überhistorisches sehnsuchtsvolles Wünschen verbunden **ist**: Die fortschrittlichen revolutionären Künstler sollen bitte ein unfehlbares Wundermittel haben, welches „das Erwachen der Massen aus dem feudalen Schlaf" (Lenin) bewirkt, sie erleuchtet und ihnen als Richtschnur dient zur Änderung der repressiven gesellschaftlichen Wirklichkeit. Aber solche Veränderung durch Kunstmittel ist erfahrungsgemäß nur bei einzelnen Rezipienten erfolgreich. Erich Mühsam formuliert diesen Anspruch an sich selbst bescheiden in der *Gebrauchsanweisung für Literarhistoriker* 1928: „Färbt ein weißes Blütenblatt sich rot […] – ein einziges […] – so ist mein Werk nicht tot!" Aber eine direkte massenhafte Wirkung linker Kunst konnte ich bisher nirgendwo entdecken.

Wohl kann ich konstatieren, welche Kunstprodukte an mir oder anderen Personen meiner Generation gewirkt haben: zuallererst Brechts *Die Mutter* und seine Gedichte. Dann die Lieder von Ernst Busch und Franz Josef Degenhardt und von Mühsam, Tucholsky, Kästner, Heine: die verbrannten, vergessenen kritischen Autoren. Als Plattenkonserve haben zwei völlig verschiedene Meisterwerke initial gezündet: Jimi Hendrix' *Star Spangled Banner*, dessen elektrische Gitarre die USA-Nationalhymne zu Bombenlärm und Kriegsgeschrei verzerrt und uns auf dem Höhepunkt des Vietnamkrieges zeigte, dass die avancierte amerikanische Jugendkultur die US-Kriegsverbrechen ebenso verabscheute wie wir.

Zweitens die Lübke-Platte: Die Große Koalition in Bonn hatte sich 1966 auf diesen etwas tumben sauerländischen Landwirt als Bundespräsidenten geeinigt. Die Redaktion des Satire-Magazins *Pardon* hatte Lübke-Reden aus aller Welt gesammelt und mit salbungsvollen Kommentaren zu „retten" versucht, was dem armen Trottel den Rest gab. Die politische Wirkung dieser „real-satirischen" Ladung für die 68er Rebellion in Westdeutschland ist kaum zu überschätzen. Schuld war aber nicht eigentlich die Kunst, sondern die Bourgeoisie selbst, die auf offenbar unfähiges Regierungspersonal nicht verzichten wollte, ein Fehler, der ihr von 1967–77 eine ganze Jugendgeneration entfremdet hat.

Am meisten an die Wirkung einer Waffe heran kam das Lied *Grandola*, das, ähnlich wie die Kartuschen des Kreuzers Aurora der Oktoberrevolution, den Startschuss für die „Nelkenrevolution" in Portugal abgab. Das etwas depressive Volkslied des Fadosängers Jose Afonso war unter der Salazar-Diktatur verboten, der Sänger ins Exil verjagt. In der Nacht zum 25. April 1974 sendete der katholische Radiosender *Rinascita* das Lied und gab damit das verabredete Kommando zum Ausrücken der antifaschistischen Putschtruppen. Ich hatte das große Glück, Jose Afonso mitsamt befreundeten Musikern aus den befreiten Kolonien und anderen Exilierten in einem bis heute legendären Event in Lissabon zu erleben, ebenso Jimi Hendrix auf Fehmarn bei seinem letzten Konzertauftritt, sowie Heinrich Lübke bei einer Rede auf dem Lübecker Markt – die Wirkung „live" war bei den Portugiesen am größten. Vielleicht wegen der unbezweifelbaren Integrität des Künstlers, der im Exil gelitten hatte wie ein Hund und der wenige Jahre später ausgerechnet an Kehlkopfkrebs starb, der symbolträchtigen Krankheit verfolgter Künstler, denen das Wort im Halse erstickt wird.

Damit sind wir beim Zentralproblem: der Person des Künstlers. Jeder Künstler fängt als Idealist an, sonst hätte er/sie gar nicht die Kraft zum Üben und Durchhalten; wer aber mit seiner Kunst bloß Karriere machen will, wird das über kurz oder lang auch durch Verrat oder Anpassung zu erreichen versuchen. Wie erklärt sich die mangelnde gesellschaftliche Veränderungskraft oder der jämmerliche Absturz in den „Erfolg" bis hin zum genauen Gegenteil der anfänglich erstrebten Kunstwirkung? Dazu drei Beispiele, alle aus dem Bereich der Musik.

1. Der am meisten durch den Wolf gedrehte Künstler ist zweifellos Richard Wagner. Er begann als radikaler antifeudaler Revolutionär auf den Dresdener Barrikaden 1848, wo er gemeinsam mit Bakunin, dem „Satan der Revolte" (Brupbacher), und dem späteren Hofbaumeister Semper als revolutionäres Fanal das alte Opernhaus in die Luft sprengte, das Semper später dann so grandios wieder aufbauen durfte. Wagner – wie Bakunin mit Todesstrafe bedroht – musste sein Heil in der Flucht suchen und wollte nun die Gesellschaft mithilfe seiner Kompositionskunst revolutionieren. Bald zum Hausnarren des verrückten Bayernkönigs avanciert und mit Subventionen fettgemästet, mutierte er zum Radau-Antisemiten und übelsten Autoritären, so dass heute seine Bayreuther Bühnen-

weihespiele als festliches Jahrestreffen von Altnazis und Großbourgeoisie gelten. Nicht genug damit, Lieblingskomponist der Hitlerpaladine zu sein, wurde sein Walkürenritt gerne zu Folterungen in KZs der US-Armee benutzt und, wie man in dem großartigen Film *Apocalypse Now* von Francis Ford Coppola erleben kann, vom Hubschrauber aus zur terrifizierenden Beschallung und Abschlachtung vietnamesischer Partisanen eingesetzt. Wohl selten kam Musik einer Waffengattung so nahe.

Aus einem Interview mit dem jüdischen Dirigenten Eliahu Inbal (Teatro La Fenice Venezia), der als erster Wagner und Schostakowitsch in Israel zur Aufführung brachte.

Frage:

> Offenbar steht die künstlerische Persönlichkeit Wagners in Widerspruch zu seinem bürgerlichen Standpunkt. Glauben Sie, dass das Genie und die Gräueltat vereinbar sind?

Inbal:

> Wir können nie in der Musik hören, ob der Autor Kommunist oder Faschist ist. Es wäre absurd zu sagen, dass Wagners Musik antisemitisch ist. Ganz generell muss ich sagen, dass ein Künstler das allerletzte Schwein sein und trotzdem die größte Kunst erzeugen kann. In dem Moment, in dem er Kunst erzeugt, ist er in einer anderen Sphäre. Das hat mit dem Charakter, den Vorurteilen, der Intelligenz oder der Dummheit so gut wie nichts zu tun. Ein großer Künstler muss nicht unbedingt ein netter Mensch sein. Die meisten sind es auch nicht. Im Gegenteil: sie sind öfter extreme Egoisten und sogar Opportunisten. (Jüdische Zeitung, Berlin, 8/2007)

2. In der heute altersgichtigen Rentnerband *The Rolling Stones* kann man kaum mehr die einst härteste und am meisten auf Revolte ausgerichtete Gruppe der britischen Rockgeschichte erkennen. Im Gegensatz zu den Beatles, brav angepassten Aufsteigern aus der Arbeiterklasse, propagierten die examinierten Akademiker *Stones* stets das Rebellentum der *streetfighter* und die allseitige Befreiung. Dass sie damit so überaus viel Geld verdienten, führte späterhin zu Drogensucht und Playboymanie, vorher tönte Michael Jagger noch: „Das Elend mit John Lennon ist, dass er einfach zuwenig Marx gelesen hat!" Ihre Platten wurden zensiert, sie gaben Massen-Konzerte mit freiem Eintritt und versuchten auch sonst die elitäre englische Society durcheinanderzuwirbeln.

Seit 1995 ist Sir Michael Ehrenmitglied der *London University* und der *London School of Economics and Political Science*, wo er seine Examina einst mit „gut" abschloss und in der Folge bewiesen hat, dass er wirklich was vom Reichwerden versteht. Das Hyde Park Concert 1969 kommentierte er noch: „Irgendwann kam der Punkt, wo wir den Leuten hätten befehlen können: Zieht euch nackt aus und stürmt den Buckingham Palace! Und sie hätten es gemacht." Nun, die *Stones* haben das nicht gemacht, aber im Unterschied zu bloß erfolgreichen Bands haben sie es wenigstens ventiliert.

3. Richtig ernst mit der Revolte durch Kunst machte dann Anfang der Siebziger Jahre die Kreuzberger Anarchoband *Ton, Steine, Scherben* mit dem charismatischen Leadsänger Rio Reiser. Von der RAF ließen sie sich Texte diktieren, etwa *Macht kaputt was euch kaputt macht*, und der *Rauchhaussong* wurde nicht nur zur Hymne der Hausbesetzerbewegung, sondern auch selbst der Anlass zur Besetzung. Wo die *TSS* Konzerte gaben, gab es anschließend Randale und Krawall, das gehörte zur politischen Vorbereitung der Auftritte. Um sich vor Zensur und Boykott der bürgerlichen Medien und Läden zu sichern, machten sie einen eigenen Plattenvertrieb auf, *David-Volksmund-Produktion*, der durch schlechte Zahlungsmoral der linken Kundschaft bald soviel Schulden hatte, dass sich Rio Reiser mit seiner unverwechselbaren klaren Stimme zur Solokarriere als Kitschsänger entschloss. Dieses Anpasserleben hielt er nicht lange aus, er wurde ein todessüchtiger Kokser und starb. Heroes die young. Die Rechte-Inhaber vermarkten seine Songs jetzt auf Teufel komm heraus als Werbejingle beim *Mediamarkt* und mit dubiosen Nachspielbands. Das Schlimmste aber: Die frühen Rebellenlieder sind heute der absolute Hit auf Neonaziparties: Allein machen sie dich ein, Ich will nicht werden was mein Alter ist, Macht kaputt was euch kaputt macht ... Irgendetwas ist da wohl gewaltig schief gelaufen.

Eines hatten *TSS* im Unterschied zu den *Stones* richtig gesehen: Als wirkender Künstler muss man Teil einer Bewegung sein. Genauer hatte darüber schon Erich Mühsam nachgedacht und folgerichtig die Aktivierung des „fünften Standes" versucht. Doch die Zuhälter und Zuchthäusler, denen er im Münchener Lokal *Zum Soller* revolutionäre Reden hielt, waren eher an dem gereichten Freibier interessiert als an der gereichten Wahrheit. Bertolt Brecht entdeckte später (1935) die fünf Schwierigkeiten beim Verbreiten der Wahrheit; Mut zur Wahrheit; Klugheit, sie zu erkennen; die Kunst, die Wahrheit handhabbar zu machen als eine Waffe. Damit war eine Darstellungsform gemeint, die die realen Klassenverhältnisse deutlich macht. Viertens die soziale Basis oder in Brechts Worten: „jene auszuwählen, in deren Händen die Wahrheit wirksam wird", was auf eine Aufforderung zum organisierten Anschluss ans Proletariat hinausläuft. Dass man schließlich zur Verbreitung der Wahrheit sich strategischer List bedienen und die linke Propaganda undogmatisch in die herrschenden Diskurse einbauen muss, wenn man „Begriffe neu besetzen" will, nennt Brecht an fünfter Stelle, und damit hapert es bei der gesamten Linken bis heute am meisten. Aber selbst wenn wir das alles erfüllten, fehlte uns immer noch eine vergleichbare Medienmacht, um dem alltäglichen Manipulationsstrom aus Dummheits-Konsum und Kriegspropaganda eine minimale Aufklärung entgegenzusetzen. Das wäre Brechts ungenannte Nummer 6. Wirksame linke Massenmedien sind das dringendste Desiderat für eine neue Rebellionsbewegung.

2

Wie Sie vielleicht wissen, unterhalte ich in Berlin-Kreuzberg im Wirtshaus *Max & Moritz*, einer traditionellen Versammlungsstätte der Arbeiter- und Aufstandsbewegungen (bis hin zur versuchten gewaltsamen Besetzung des leerstehenden Krankenhauses *Bethanien* in den Siebziger Jahren) eine kleine Showfabrik. Sie findet jeden Sonntag Mittag statt und heißt *Dr. Seltsams Wochenschau*. „Dr. Seltsam" nach meinem Künstlernamen, den ich mir ausgesucht habe in Bewunderung für den besten Antimilitär-Film aller Zeiten, „Dr. Seltsam oder wie ich lernte die Bombe zu lieben" von Stanley Kubrick. Die Wochenschau ist das dritte oder vierte Projekt einer Reihe von Versuchen, mit Mitteln der Kunst die politische Haltung der Zuschauer nach links zu rücken. Seit zwanzig Jahren versuche ich dies mit wechselndem Erfolg und denke, ich kann aus Theorie und Praxis einiges Konkretes dazu beitragen, unser Thema „Kunst als Waffe" zu beleuchten.

Am ersten Maisonntag 2007 hatten wir unter anderen den Organisator der Kreuzberger sogenannten „Revolutionären 1.-Mai-Demo" als Interview-Gast, den beliebten Kinderarzt Dr. Michael Kronawitter, der zuvor in den Berliner Boulevard-Medien als „Wegbereiter des Terrorismus" samt erkennbarem Foto zum Abschuss freigegeben worden war. Nun, ihm war nichts geschehen, und auch die „Revolutionäre 1.-Mai-Demo" war ohne jedes Blutvergießen, ja sogar ohne zerbrochene Fensterscheiben oder verletzte Polizisten über die Bühne gegangen; einige Randale und Gewalttätigkeit hatte sich im Gegenteil erst in der Nacht entfaltet, und zwar aus den Reihen der besoffenen Zuhörer des vom Bezirk organisierten Maifestes heraus. Nachdem vor nunmehr zwanzig Jahren, am 1. Mai 1987, der Supermarkt *Bolle* am Görlitzer Bahnhof in Flammen aufgegangen war und die Demonstranten den Zugang von Polizei und Feuerwehr verhindert hatten, galt Kreuzberg als staatsfeindlich und unregierbar. Bei Wahlen bekam die Ordnungspartei CDU in manchen Kreuzberger Wahlbezirken unter 5 Prozent und wurde zur Splitterpartei, hier bekam mit dem ehemaligen RAF-Anwalt Hans-Christian Ströbele erstmals ein grüner Linker ein Direktmandat für den Bundestag. Seitdem versuchen ein paar tausend Menschen jedes Jahr mit der revolutionären Maidemo die Erinnerung an Revolte und Randale wachzuhalten, und seit fünf Jahren versuchen die Stadtteilregierungen von SPD, Grünen und PDS gegenzuhalten und die traditionelle Mairandale in einem Meer von Bier und Musik zu ersäufen. Alle fünfzig Meter stehen Bühnen, und mit vollaufgedrehtem Equipment wird verhindert, dass sich irgendjemand überhaupt unterhalten kann, geschweige denn revolutionäre Kampfparolen verbreiten. Kunst als Waffe, eingesetzt, um politisch unliebsame Parolen und Demonstrationen zu verhindern. Die Musik ist laut, aggressiv und schlecht, das Bier billig und die Nacht mild. Da fliegt dann schon mal eine Flasche in Richtung der zahlreich vorhandenen Beamten der Bereitschaftspolizei, die hier im Bezirk als gepanzerte Besatzungspolizei fungieren. Natürlich wurden die Veranstalter des

Regierungs-Myfests nicht als Chaoten und Gewaltapostel dargestellt, genauso wenig wie die Organisatoren der berühmten Berliner Loveparade, in deren Verlauf regelmäßig junge Menschen zu Tode kamen, erstochen, ertrunken oder dehydriert. So etwas bei einem linken Umzug und er wäre auf Jahrzehnte hinaus verboten worden. Im Interesse der unpolitischen Massenhysterie aber zählen solche Opfer nicht. So wird Kunst buchstäblich zur politischen Waffe, aber nicht für Aufklärung und Fortschritt, sondern für Verdummung und Sozialberuhigung.

Ich will Sie nicht mit Heimatgeschichten aus meinem Stadtteil langweilen, aber tatsächlich war das nördliche Kreuzberg, das nach dem alten Postzustellbezirk so genannte Kreuzberg 36, in den letzten zwanzig Jahren so etwas wie ein Soziallabor für Aufstandskunst und Gegenmacht. Das liegt wahrscheinlich daran, dass in diesem Bezirk die ärmsten Gebiete von Westberlin lagen und eine Jugendgeneration nach der anderen ohne jede Aufstiegserwartung aufwuchs, gemischt mit wachen linken Studenten und politisch bewussten Aussteigern in den billigen Wohnungen. Jedenfalls war dieses Kreuzberg der Ideengeber für die internationale Modeszene. Es kamen die Berliner Stadtrundfahrtbusse und warben Touristen mit Gruselfahrten in finstere Kreuzberg-Slums. Dagegen sah man dann schlaue Kinder mit dem leuchtenden Hemdaufdruck „I am not a tourist, I live here", wohl aus Belfast importiert. Die zerrissenen Punk- und streetfighter-Klamotten, die man zuerst und original auf dem Oranienboulevard sah, fanden sich drei Jahre später für vierstellige Summen in den Schaufenstern des Kadewe und in London und Paris, junge trend scouts aus gutem Hause standen bei den Straßenschlachten am Heinrichplatz daneben und fotografierten wie wild bis man sie für Polizeispitzel hielt. Viel schlimmer, sie waren Spione des Luxuskapitals und nur die Vorhut seiner weltweiten Ausbeutungsmethoden, heute nähen Vietnamesinnen für Hungerlöhne nach Kreuzberger Mustern. Von der Gruppe MUZ (das heißt „menschenverachtend und zynisch" und war ein Replik auf die spießig-hilflosen Kampfparolen der ehemals linken Tageszeitung TAZ gegen die Kreuzberger Aufstände) wurde das frech bedruckte T-shirt als Kunstmittel erfunden, mit Aufdrucken wie "Staatsfeind" oder „Schieß doch, Bulle" und „Alles Nazis außer Mutti". Minderjährige Punker mit verwilderten schwarzen Hunden und malerisch zerrissener Kleidung tauchten in großen Gruppen bettelnd erstmals hier auf. Die bunt besprayte Motorradlederjacke als Demoaccessoir war so tonangebend, dass sie die Hamburger Lederfabrik Hein Gericke vor dem Ruin gerettet haben soll. Später gab es hier die ersten deutschen Rapgruppen, heute sind die größten Medienkonzerne am Kreuzberg benachbarten Spreeufer angesiedelt. Früher gab es Sondereinsätze der Kripo gegen wildes Graffiti-Sprayen, „unnütze Hände beschmieren Tisch und Wände" wurde der Volksmund auf Warnplakaten zitiert. Heute gibt es Seminare für Manager, wo sie das Wände-Besprayen üben und das dazugehörige freie Feeling, das sie dann im Business so angenehm locker macht. Kunst als Waffe im Klassenkampf, um die Ausbeuter fit zu machen.

Auch in anderer Hinsicht kam es zum gegenseitigen Ideenklauen. Nachdem die Jugend der Welt bei der unpolitischen Loveparade die gewaltigen LKW-Trucks mit turmhohen Lautsprecheranlagen und Tanzbühnen bewundert hatte, lieh sich auch die Revolutionäre Maidemo das Geld für Riesentrucks zusammen, baute darauf doppelt so hohe Boxen, und darauf sprangen und tanzten live die beliebtesten Szene-Bands wie Atari Teenage Riot herum und bewiesen so, dass die Linken auch technisch besser aufrüsten können als die dumpfen Technoprolls. Leider zerstörte ein unprovozierter Wasserwerfereinsatz der Polizei diesen Event, der Linken wollte man den techno-kulturellen Triumph nicht gönnen.

Genau andersherum lief es mit Gastspielen internationaler Bands. Noch in den siebziger Jahren, speziell nach dem faschistischen Putsch in Chile, war eine Musikveranstaltung mit politischen Bands automatisch eine Solidaritätsveranstaltung mit dem linken Widerstand – weltweit. Im Kampf gegen die restriktive Asylpoltik entwickelte sich der Multikulti-Begriff zunächst eindeutig gegen nationale Engstirnigkeit und braunes Gedankengut. Es war der sehr kluge CDU-Kultursenator Volker Hassemer, der die geniale Idee hatte, Multikulti für seine Zwecke zu benutzen und gegen den linken Internationalismus einen rechten zu kreieren. Als erstes kamen Mitte der Siebziger Jahre Folkloregruppen aus Chile, die für Pinochet warben, dann buddhistische Tempeltänzer aus der Dalai-Lama-Schule, die den alten Feudalismus der tibetischen Priesterkaste wiederhaben wollten. Der sogenannte „Karneval der Kulturen" in Kreuzberg glänzt jedes Jahr mit farbenfrohen Tänzern aus aller Welt, aber ich vermute, wenn demnächst mal sozialistische Gruppen aus Venezuela, Kuba oder Bolivien daran teilnehmen wollen, dann wird das liberale Mäntelchen bald abgeworfen. Hier wird nicht so sehr die Freundschaft mit dem Fremden propagiert, sondern vielmehr die Freundschaft mit Fremden, solange sie pitoresk und rückständig sind, also religiös, patriarchalisch, unterwürfig und arm.

Sie bemerken schon, ich kann diese Entwicklung nur mit äußerstem Zynismus ertragen, denn die verelendeten Urheber der neuen Moden haben von dem Boom überhaupt nichts abbekommen. „Not macht erfinderisch", heißt es im Sprichwort, aber wo immer jemand etwas erfindet, steht ein Profiteur daneben und eignet sich die neuen Ideen marktgerecht an. Als Radikaler, dem es nicht passt, mit linker Produktivität und Fantasie nur die Macht des Kapitals zu stärken, suche ich verzweifelt nach dem „Ding", das schlechthin nicht mehr integrierbar ist. Die RAF, 2. Juni, Terror und Gewalt schienen dieses Ding zu sein. Tatsächlich saß der entführte CDU-Chef Peter Lorenz in der Kreuzberger Schenkendorfstraße im „Volksgefängnis", und von Bommi Baumann bis Till Meyer waren einige sogenannte „Terroristen" Kreuzberger Gewächse.

Aber wie man in diesem Sommer zum dreißigsten Jubiläum von '77 sieht, gibt sogar diese Geschichte einen nie dagewesenen Medienhype her: Filme von Werbedesignern, in denen Baader im Kugelhagel als Westernheld stirbt, kriegen Medienpreise. Modelabel werben als „Prada-Meinhof" mit nachgestellten Leichenfotos aus den Stammheimer Todeszellen, der Maler Richter bekommt Höchstpreise für seine verwaschenen Porträts von Gudrun Ensslin und Raspe. Nichts ist derzeit so hip und schick wie die RAF, es gibt Ausstellungen, Filme, Bücher, und die Modewelle rollt an und verharmlost und integriert den antikapitalistischen Ursprung der Gruppe. Auf der Oranienstraße gibt es eine Galerie, wo Klaus Theuerkauf und seine Gruppe „endart" geschmacklose Objekte ausstellen, die dem Kunstmarkt quer im Halse stecken bleiben sollten, Schleyer am Kreuz mit Erektion und so etwas in der Art. Mittlerweile erzielen sie damit gute Umsätze auf Kunstmessen. Es gibt nichts mehr, was sich nicht vermarkten lässt und wie schon Marx bemerkte: „Der Bourgeois verkauft noch den Strick, an dem er erhängt wird". Die Zeitschrift Stern erreichte Höchstauflagen mit dem nicht copyright-geschützten leuchtendroten RAF-Stern mit der Kalaschnikow. Und möglicherweise wird demnächst ein schlauer Kapitalist daherkommen und sich das Copyright an diesem Logo sichern, ebenso wie der Udo-Jürgens-Manager Beierlein, der sich die brachliegenden Musikrechte an der „Internationale" anmaßte und seitdem von Russland bis Feuerland von jeder kommunistischen Veranstaltung Tantiemen einzuheimsen versucht. Man stelle sich vor, jemand hätte sich die Rechte an Che Guevara gesichert und würde sie weltweit durchsetzen, er wäre bald Milliardär wie die google-Gründer. Nebenbei ist in diesem Zusammenhang interessant, dass der weltweite Rechtehandel und Copyright-Fragen eines der Hauptthemen des G8-Treffens der Regierungschefs Anfang Juni in Heiligendamm sein wird.

„Kunst als Waffe" steht infrage und vor allem: Waffe für wen? Was kann man noch mit gutem Gewissen vertreten, ohne dass man damit irgendwelchen kapitalistischen Profiteuren und Geschäftemachern unfreiwillig den Weg ebnet? Noch ein paar Beispiele aus dem unendlichen Frustfundus, der sich in jahrzehntelanger Feuilletonbeobachtung bei mir angesammelt hat. Nochmal Heiligendamm: Wahrscheinlich hunderttausend Demonstranten aus aller Welt werden sich auf eigene Kosten hier einfinden und mehr oder weniger friedlich am Sperrzaun knabbern und mit ihrer Anwesenheit und ihrer Wut diese Tage zum Ereignis machen. Was aber um die Welt geht, ist das Foto von dem Rockstar Bono zusammen mit dem Rockstar Grönemeyer vor dem Bild eines armen afrikanischen Mädchens, das sie wahrscheinlich nicht mal persönlich kennen: alles ein gigantischer Werbehype der Plattenfirma, um ihrer alternden Zugnummer zu einer weiteren Platinscheibe zu verhelfen, und zu gesicherten Einnahmen natürlich! Das erinnert mich an die große Friedensdemonstration gegen den Irakkrieg in Berlin, auf deren Bühne die wackeren Alt-Barden Wecker, Wader und Reinhard Mey, der eigentlich noch nie als irgendwie fortschrittlicher Sänger aufgefallen ist, einen prima Start für ihre neue Dreier-CD feierten, von deren Gewinn meiner Kenntnis nach nichts an die kostenlos arbeitenden Organisatoren der Großdemo zurückgeflossen ist. Ich muss zugeben, in dieser Frage bin ich ein bisschen neidisch, denn von den jungen unbekannten Künstlern, die sich auf Berliner Kleinkunstbühnen seit Jahren um fortschrittliche Friedens-Kunst bemühen, wurde keiner gefragt. Der Großorganisator Diether Dehm von der PDS hat einfach sein Notizbuch rausgezogen und ein paar Bekannte angerufen, dann war das Programm schon fertig.

Natürlich gibt es noch ein paar Dinge, die nicht integrierbar sind, vor allem die nicht so berühmten und eindeutigen. Wenn ich für *Dr. Seltsams Wochenschau* Werbung mache, dann passiert es schon noch relativ häufig, dass Redaktionen sagen: „Das können wir nicht bringen" oder dass Leute empört meinen Newsletter abbestellen, weil ihnen das eine oder andere Wort nicht gefällt, zum Beispiel „Kriegsverbrechen der Bundeswehr an der Brücke von Varvarin" oder „Die Grünen als Hauptkriegspartei" oder „Terror gegen Terroristen in Heiligendamm". Aber ich bin natürlich nicht wirklich gefährlich und bei der großen Polizei-Aktion Wasserschlag, der Durchsuchung der G8-Gegner, wurde bei mir nicht mal geklopft.

Es gab aber jüngst in Berlin einen bemerkenswerten Fall heimlicher Zensur, der in diesem Zusammenhang nicht uninteressant ist. Die Botschaft von Norwegen zeigte im alten Postmuseum eine Ausstellung über die Beziehungen zwischen Deutschland und Norwegen, also Quisling, Willi Brandt, Wenke Myrrhe usw. Hauptstück der Show war ein 2 mal 3 Meter großes Gemälde von Odd Nerdrum, der als einer der bedeutendsten Gegenwartsmaler Nordeuropas gilt. Dies Gemälde hing im Rathaus Oslos und bildet jetzt das Prunkstück der halbstaatlichen Kunsthalle in Oslo. Es ist liebevoll und genau in der altmeisterlichen Manier von Caravaggio gemalt, mit viel Chiaroscuro drumherum, scharf beleuchteten Figuren, die ein Andreaskreuz bilden. Das Bild heißt „Die Ermordung Baaders" und war den Berliner Kuratoren so peinlich, dass sie das bedeutendste Kunstwerk der Ausstellung nirgendwo abbildeten und den Botschafter wohl heimlich gebeten haben, es nicht zu zeigen. Aber Norwegen ist ein liberaler Staat, und so hing das Bild zentral in der Schau und wurde prominent im Katalog abgebildet, dessen Druck die Norweger bezahlt haben. Nichtsdestotrotz hetzte die deutsche Kampfpresse, natürlich ohne das Bild zu zeigen, sie wissen genau, wenn sie die RAF nicht zur Verketzerung heutiger Antikapitalisten gebrauchen können, dann ist es besser, sie ganz zu verschweigen. In der Zeitung *Die Welt* bedauerte P. Dittmar in diesem Zusammenhang sogar explizit das Fehlen einer rechten Kunst:

> Bereits 1977 malte der Norweger Odd Nerdrum „Der Mord (Andreas Baader)": drei finstere Gestalten, die einen halb Bekleideten in die Knie zwingen, während ihm ein vierter ins Genick schießt. Die Aussage ist eindeutig. Weniger eindeutig ist der Zyklus „18. Oktober 1977", den Gerhard Richter 1988 malte. Die 15 Bilder

gehen von Polizeifotos der Verhafteten aus. Als Grisaille-Malerei, die sich mit Grauabstufungen und dem Verzicht auf Farben begnügt, werden diese Fotos vergrößert und durch „Vermalen", also eine bewusste Unschärfe, der Realität entfernt. Der Maler geht also auf Distanz, ohne sich von dem Geschehen zu distanzieren – eine Methode, die auch unter den staatsnahen Protagonisten der DDR-Malerei beliebt war.

Hans-Peter Feldmann nähert sich mit den 100 Bildern der Serie „Die Toten" von 1967/1993 den Folgen des Terrorismus scheinbar dokumentarisch. Er addiert Bilder all derer, die ums Leben kamen. Das beginnt mit Benno Ohnesorg und endet mit Wolfgang Grams in Bad Kleinen, bezieht Ulrich Schmücker genauso wie Detlev Karsten Rohwedder, die Fahrer und Leibwächter der Ermordeten wie Geiseln und zufällige Passanten ein.

Diese Bilderfolge negiert jedoch, dass diese Toten sich keineswegs gleich sind, dass man sehr wohl zwischen dem Mörder und dem Ermordeten unterscheiden muss. Es ist jene Gleichmacherei, die Noberto Bobbio mit dem Begriff „Egalitarismus" als Kennzeichen der „Linken" charakterisierte, während er das kritische Befragen des Gleichheitsideals den „Rechten" zuerkennt.

In der Praxis – bis hin zur „kritischen Theorie", und davon geprägt sind vor allen die Medien und die Künste – herrscht allerdings jener „Egalitarismus" vor. „Der Geist weht links", „Links wo das Herz schlägt" oder „Der Feind steht rechts" (Reichskanzler Wirths Schlusswort zur Ermordung Rathenaus) haben sich deshalb zu Schlagworten entwickelt. Davon sind selbst Definitionen nicht frei, die sich wissenschaftlich geben, wie die Feststellung des Politologen Ekkehart Krippendorff: „Die Linke – und zwar auch die extreme Linke – hat darum immer das Element der historischen Wahrheit für sich, die Rechte – und zwar auch die nur gemäßigte Rechte – das Element der Unwahrheit und des Unrechts."

Da sich Künstler gewöhnlich als „fortschrittlich" begreifen, spiegeln sich in ihren Werken eher „linke" Vereinfachungen als „rechte" Komplexitäten. Wer nach Gegenbeispielen „rechter" Kunst sucht, wird vergebens forschen. Mythisierungen à la Leni Riefenstahl, Thorak oder Breker gibt es nicht.

Die Künstler, die sich mit der RAF beschäftigen, wirken wie Schüler von Jacques Louis David, der als braver Diener der Revolution den ermordeten Marat zum Sinnbild erhob, so wie er später Napoleon glorifizierte. Das sind Kunstwerke, die plakativ der Politik nützten. Gemälde oder Skulpturen erzählen nicht, „wie es eigentlich gewesen", sondern stets, wie es gewesen sein könnte, wenn nicht gar, wie es gewesen sein soll. Sie überhöhen oder verdammen oder retten sich gegenwärtig gern à la Richter in die Indifferenz. Deshalb heißt, sich dem „Mythos RAF" mit Mitteln der Kunst zu nähern, die RAF zu mythisieren. (Peter Dittmar: Wer den Mythos sucht, webt selbst daran. Die Welt, 24.7. 2003.)

Ach, das wäre schön, wenn es so klar wäre: Die Künstler können nicht wissenschaftlich differenzieren, und deswegen sind sie stets für „das Einfache, was schwer zu machen ist" und deswegen Anhänger der Revolution – aus Denkfaulheit! Das sieht in der Praxis dann leider doch etwas anders aus. „Kunst geht nach Brot", weiß der Volksmund, und jeder von uns könnte wohl ein ganzes Schock an Beispielen geben, wie ehemals linke Künstler ihre Ursprünge vergessen, weil sie Erfolg haben wollen. Das gilt natürlich nicht nur für Künstler; Politiker wie Josef Fischer sind das moderne Urbild des Wendehalses, und gerade unser verehrter Erich Mühsam ist eines der wenigen Gegenbeispiele dafür, wie ein Politiker und Künstler gleichermaßen unter allen wechselnden Umständen sich selbst treu bleibt und seine Grundhaltung gegen Macht und Kapital nicht ändert. „Sich fügen hießt lügen." Dafür geht man allerdings ins Gefängnis und in den Tod.

Dies ist der Moment, um an einen der eindrücklichsten Plakatanschläge der '68er Bewegung zu erinnern. Über Bilder bekannter linker Revolutionäre war das prophetische Diktum von Max Horkheimer gedruckt, aus seinen Notizen „Dämmerung":

> Die Welt, in der die proletarische Elite heranwächst, sind keine Akademien, sondern Kämpfe in Fabriken und Gewerkschaften, Maßregelungen, schmutzige Auseinandersetzungen innerhalb und außerhalb der Parteien, Zuchthausurteile, und Illegalität. Dazu drängen sich keine Studenten wie in die Hörsäle und Laboratorien der Bourgeoisie. Die revolutionäre Karriere führt nicht über Bankette und Ehrentitel, über interessante Forschungen und Professorengehälter, sondern über Elend, Schande, Undankbarkeit, Zuchthaus ins Ungewisse, das nur ein fast übermenschlicher Glaube erhellt. Von bloß begabten Leuten wird sie daher selten eingeschlagen. (Max Horkheimer, Notizen 1950 bis 1969 und Dämmerung, Frankfurt 1974, S. 258)

Die Künstler bilden in unserer Gesellschaft keine eigene geschlossene Klasse, der eine erreicht mit TV-Shows Millionenumsätze, der andere hat oft nicht mal das Geld, um Farben zu kaufen. Sie stehen in prinzipieller Konkurrenz zueinander und erkennen nur schwer gemeinsame Interessen und sind noch schwerer dafür mobilisierbar, das ist eine Lehre, die alle linken Bewegungen erfahren mussten. Die meisten Künstler stellen aus eigenem geistigen Vermögen Unikate her, die sie wie ein Handwerker selbständig auf dem Markt verkaufen oder an Großhändler abgeben, für die meisten Künstler heißt mithin die Alternative: Selbstausbeutung oder ausgebeutet werden. Da sie zwar meistens ihre Produktionsmittel selbst besitzen, die Möglichkeiten der Betriebsausweitung und Monopolbildung aber sehr eingeschränkt sind, gehören sie weder zur Arbeiterklasse, die ihre Produktionsmittel nicht selbst besitzt, noch zur Kapitalklasse, weil sie fast keine Ausbeutungsmöglichkeiten besitzen. Solche Zwischenklassen oder Mittelklassen, sagt Karl Marx im *Kommunistischen Manifest*, werden zwischen den großen gesellschaftlichen Hauptklassen tendenziell zerrieben, werden in den Krisen ruiniert und gehen unter. Deshalb, sagt Clara Zetkin in dem sehr gescheiten Beitrag *Zur Intellektuellenfrage*, haben sie ständig Angst vor dem gesellschaftlichen Untergang, den sie als individuellen erleben, aber als gesellschaftlichen ideologisieren, und verhalten sich deshalb wie ein Schilffeld im Winde. Wenn der Wind von rechts weht, werden sie rechts, wenn der Wind von links weht, werden sie links, vielleicht wegen gewisser berufsbedingter Sensibilitäten etwas früher als andere Opportunisten. Laut Gorki, „Die gesellschaftliche Stellung der Kleinbürger", werden die gefährdeten Mittelklassen so zur Manövriermasse im Klassenkampf, typisch bleibt das Ergebnis der prinzipiellen Unzuverlässigkeit und Unberechenbarkeit des Künstler- und Kleinbürgertums, im Unterschied etwa zur Arbeiterklasse, die die Aufhebung des Kapitalismus anstreben muss, um zu existieren, und im Gegensatz zur Kapitalseite, die immer höhere Profite und Kriege braucht, um als Manager im Geschäft zu bleiben und die Kapitaleigentümer bei Laune zu halten. Sofern sie, die Künstler, nicht super erfolgreich werden und dann mit den erzielten Marktpreisen selber Aktien kaufen und Kapitalisten werden, was aber nur wenigen gelingt, haben die Künstler also als „Klasseninteresse", wenn man das so sagen darf, das Bündnis mit der revolutionären Arbeiterklasse, um eine Gesellschaft ohne Ausbeutung, Unbildung, Krieg und Inhumanität herzustellen, kurz: ein Leben, in dem man die Wahrheit sagen und die Künste pflegen darf.

Die meisten Künstler schielen aber zur Bourgeoisie hinauf und wollen mit der Arbeiterklasse nichts zu tun haben, weil sie ungebildet ist, ihre Kunstwerke nicht versteht und nach der Revolution benutzt, um „in die Blätter mit den schönsten Gedichten Fische für arme Mütterchen einzuwickeln", wie Heinrich Heine befürchtet hat. Heine zum Beispiel war aber dennoch Kommunist, weil er von der „einfachen Prämisse ausging, dass alle zu essen haben müssen, daraus folgt alles andere". Der Künstler, solange er für Erfolg und Aufstieg in die Bourgeoisie arbeitet, ist für die Revolution unbrauchbar, der Künstler als Revolutionär entspricht aber eigentlich seiner objektiven Interessenlage. Warum die Künstler das meistens nicht so sehen, erklärt uns Ernst Bloch mit seiner Theorie der Ungleichzeitigkeit. Zwar bestimmt das Sein das Bewusstsein, das ja, aber nicht sofort und unmittelbar. In die Vermittlung der objektiven Interessen schummeln sich Illusionen ein, falsche Hoffnungen über die eigene Lage, Versprechen, Bestechungen und Ideologien der herrschenden Klasse sowie Dummheiten, Subjektivismus und abschreckender Terror der Revolutionäre. Das alles führt am Ende dazu, dass der Künstler stets „schwankt" und deshalb nicht so recht als Revolutionsführer geeignet ist, was er aber nur zu gern wäre. Ich denke hier an die schöne Geschichte von Erich Mühsam, der den Dichter Rainer Maria Rilke auf eine Revolutionsversammlung der Münchener Arbeiter begleitet, wo dieser sich aber „nicht kommunikativ realisieren konnte", wie Rudi Dutschke so etwas später zu benennen pflegte. Soweit hier in aller Kürze und holzschnittartig, wie ein orthodoxer Marxist das Künstlerproblem sieht. Eigentlich wäre bei dieser Einschätzung Schluss, und die Künstler wären vom Fortschritt ein für alle mal wegen Unzuverlässigkeit ausgeschlossen.

Aber dann erschien die Hegemonie-Theorie von Gramsci und zeigt uns weitreichende Perspektiven. Die beiden Richtungen oder Hauptklassen Bourgeoisie und Proletariat, Kapitalisten und Arbeiter, Reaktion und Fortschritt, egal wie man sie nennt, bilden quasi die zwei Pole eines Magneten, zwischen denen der Überbau, Zivilgesellschaft und Kultur, hin- und hergerissen wird. Mal überwiegt die eine, mal die andere Seite, aber nicht vollständig, sondern es gibt immer Bereiche, in denen die Elemente ummagnetisiert werden können wie Eisenmoleküle in den Feldlinien eines Magneten. Es geht also, sagt Gramsci, um „molekulare Veränderungen der Zivilgesellschaft". Mithin kann man auch zu Zeiten des vollständigen Sieges der Reaktion immer noch kleine Erfolge der Fortschrittskräfte erreichen, und zwar auf dem Gebiet der Kultur, der Bürgerinitiative, Ideologie und Kunst. Solange nicht die ganze Macht der Reaktion im Bürgerkrieg alles platt walzt, lassen sich Teile der Zivilgesellschaft entwickeln, und die Linken müssen sogar hier erst viele Siege erringen, um überhaupt die Mehrheit der Gesellschaft zu gewinnen und der Revolution näher zu kommen. Und, so springt nun das Kaninchen aus dem Hut des marxistischen Zauberers, im Zentrum dieser Bemühungen steht der Künstler! Es ist mithin Pflicht der Linken, auch wenn sie eigentlich nur auf die Macht der Arbeiterklasse schielen, eine linke Kultur-Hegemonie zu entwickeln, wie wir sie in den Jahren nach 1968 vielleicht mal hatten, wo an den Universitäten keine einzige Seminararbeit angenommen wurde, die nicht eine fundierte marxistische Warenanalyse enthielt, und zwar in allen Fächern. Dafür erlebte man dann aber auch Geschichten, wie sie mir der Menschenrechtsanwalt Eberhardt Schulz mal erzählt hat, der bei einer Ungelegenheit auf einem Dorfe von dem Bürgermeister Unterstützung erhielt mit der Bekundung: „Aber wenn sie dann an der Macht sind, dann denken Sie an uns …" So soll es sein.

Ich bin jetzt am Ende mit meinem kleinen Beitrag zur Klassenanalyse, es mag Ihnen manches holzschnittartig dogmatisch erscheinen, jedenfalls haben wir erstmal einen großen „Steinbruch", um aus vielen Richtungen über Künstler zwischen den Klassen diskutieren zu können. Zum Abschluss noch drei Beispiele, die mir immer das Problem von Anpassung und Widerstand musterhaft beleuchteten:

1. Paris: Edith Piaf war als Chansonsängerin auch unter der Nazibesatzung nicht verboten, die SS forderte sie sogar auf, für die Bewachungsmannschaften ein Konzert im Kriegsgefangenenlager zu geben. Sie nahm dieses wahrhaft unsittliche Angebot an, brachte aber ihren Fotografen mit, der von den Gefangenen schöne scharfe Bilder machte, die dann der Resistance zur Erstellung falscher Ausweise dienten, damit ihre Kader aus dem Lager fliehen konnten. Auch die „entartete Kunst" eines Pablo Picasso wurde nicht, wie in Deutschland, unterdrückt und zerstört, es gab sogar ein reges Kommen und Gehen etwas intelligenterer deutscher Besatzungsoffiziere in seinem großen Atelier am Montmartre, wo er an seinem Riesenwerk „Guernica" arbeitete. Einem Besucher wurde das Bild vorgeführt, und ergriffen von der neuartigen Formgewalt staunte er: „Das haben Sie gemacht?!" – „Nein," sagte Picasso zu dem deutschen Fliegeroffizier, „das haben Sie gemacht …"

2. Einer meiner vielen Versuche, linke Kunst zu machen, hieß *Le club existentialiste* und basierte auf dem Versuch Sartres, den Marxismus für die moderne Zeit wieder nutzbar zu machen. Ich ließ ehemalige Partisanen auftreten, die entgegen der allgemeinen Erwartung das jugendliche Publikum zu Tränen rührten. Die jungen Sänger und Chansonnieres hatten aber keine politischen Lieder vorrätig und lehnten das auch als Zumutung ab, dann stellte sich aber heraus, dass sie sehr wohl alte Partisanenlieder kannten oder den *Déserteur* von Boris Vian, sie waren ihnen nur nicht als politische Lieder bewusst oder hatten die antikommunistische Nachkriegszeit als Kinderlieder überlebt. Es hatte nur keiner danach gefragt. Ebenso erging es mir mit einem ganz biederen Zuschauer aus Steglitz, der sich in meine Show verirrt hatte und der mir am Ende unter vier Augen gestand, dass „auch er immer zur Roten Fahne gehalten habe", das nur seiner Familie nicht zumuten wollte. Es musste nur einer deutlich die Fahne schwenken, und sofort kamen andere dazu, das kann ich heute als meine beste politische Erfahrung bezeichnen, und das ist schließlich fast dasselbe wie Gramsci sagt.

3. Heute (18. Mai) ist der 100 Geburtstag von Hergé = Georges Rémy, dem bedeutendsten europäischen Comiczeichner, dem in Frankreich und Belgien ganze Häuser, Straßen und Museen gewidmet sind. Er kam aus der katholischen Pfadfinderschaft und hat fürchterliche antisowjetische Machwerke zusammengemalt, so etwa „Toto in Russland". Er war lange Zeit, so muss man es wohl analysieren, ein klerikalfaschistischer Propagandist, der auch für Leon Degrelle Illustrationen zeichnete und unter der deutschen Besatzung in einem Pronaziblatt arbeitete und deswegen vom Widerstand nach dem Krieg als Kollaborateur erschossen werden sollte. Er wurde gerettet, weil sich einer der Resistanceführer seiner annahm und sagte, dass seine Tim-und Struppi-Streifen für die inhaftierten Kämpfer das einzige in den Nazizeitungen gewesen sei, was sie lesen konnten, ohne sich zu ärgern, und das sie Tim als einen der ihren verstanden hätten und dort untergründige Botschaften gefunden hätten. Hergé kam frei und veröffentlichte noch viele Comicbücher, darunter Tim und die Picaros, was man als humorvolle Hommage an Che Guevara lesen kann. Das typische „Schwanken" des Künstlers sehen wir in „Tim im Lande des schwarzen Goldes": in der ersten Fassung von 1936 gibt es eine Gruppe jüdischer Terroristen, die den Reporter Tim in Haifa entführen, in der Fassung von 1968 kommt das nicht mehr vor, offenbar waren die Erben Hergés der Meinung, es sei für die Leser heute unwichtig, mit der Tatsache konfrontiert zu werden, dass es jüdischen Terroristen gibt. Ich hielt das nicht für unwichtig, im Gegenteil verdanke ich dieser Stelle der gesamten Comicliteratur, die ich als Kind las, mein anhaltendes Interesse für die Fragen von Kunst und Politik, insofern ist quasi Hergé schuld an diesem Vortrag heute, vielleicht, wenn er das erführe, keine schlechte Ehrung zum Geburtstag eines großen Künstlers, der angeblich völlig unpolitisch war.

4. Ich erlaube mir viertens, sozusagen als Bonustrack 1 und 2, einen Beitrag von mir zum Heinrich-Heine Jahr 2006 anzufügen, der das Problem „Kunst und Revolution" noch tiefer beleuchtet. Er passt sehr gut, weil mir bisher keine stärkeren Waffen im Kampf vorgekommen sind als Heines bissige Satiren, deren Wirkung auch Erich Mühsam stets als Vorbild im Auge hatte. Dann zum Abschluss noch ein weiteres Beispiel aus meinen Arbeiten zum Thema „Kunst als Waffe", bei dem Ihnen vielleicht ein wenig schlecht wird. Sei's drum.

Heines Kommunismus

Wir hatten im Jahre 2006 erstaunlich viele Jubiläen, in deren unterschiedlicher Behandlung das bürgerliche Feuilleton mal wieder beweisen konnte, auf welcher Seite es steht. Statt des mit der Revolution spielenden Mozarts, der einst den verfolgten Beaumarchais-Figaro propagierte, wurde uns der am Tourette-Syndrom erkrankte Furz-Liebhaber als kotzsüße Mozartkugel eingebrandauert. Der ungetreue Doktor Benn wurde wieder mal gegen Brecht und wiedermal gegen die gesamte Emigration in Stellung gebracht, während das in einzigartiger Schändlichkeit dastehende KPD-Verbot gleich ganz vergessen wurde. Schreckliches Freud-Jahr 2006, das soviel Verdrängung bot bei sowenig Analytik. Am schlimmsten aber erging es Heinrich Heine. Man dachte, nach der Barbaren-Posse der Nazis, die die „Loreley" anonym im Lesebuch behalten, den Judendichter aber vergasen wollten – leider war er schon tot –, und nach der bundesdeutschen Blamage um die Benennung der Heine-Uni in Düsseldorf wäre der wohl größte deutsche Dichter endlich auch in seiner Heimat anerkannt und es könne schlimmer nicht kommen. Weit gefehlt; jetzt ist der arme Harry auch noch am Stalinismus Schuld! Erfunden hat diese nur freudianisch zu erklärende Ferkelei ein Schreiber, der von Heine alles kopiert hat außer Charakter: Wolf Biermann. Im *Spiegel* 7/06 schrieb er über „Heine und Le Communisme" und offenbar versteht er von beidem nichts:

Hellsichtig ahnte er (Heine), dass die soziale Gleichheit aller Menschen wahrscheinlich nur eine neue Form raffinierterer Ungleichheit gebären würde, […] ein noch schlimmerer Kreis in der irdischen Hölle. […] In „Lutetia" klagte er: „Eine unsägliche Betrübnis ergreift mich, wenn ich an den Untergang denke, womit meine Gedichte und die ganze alte Weltordnung von dem Kommunismus bedroht ist." Aber dann kommt die flagellantische Volte, für die ihn dann die stalinistischen Bonzen liebten: „Gesegnet sei der Kräuterkrämer, der einst aus meinen Gedichten Tüten verfertigt, worin er Kaffee und Schnupftabak schüttet für die armen alten Mütterchen, die in unserer heutigen Welt der Ungerechtigkeit vielleicht eine solche Labung entbehren mussten – fiat iustitia, pereat mundus!" […] Aber: Es kam alles viel schlimmer, und es musste so kommen. Die arme alte Frau und ihre Kinder wurden einfach totgeschlagen. Im real existierenden Kommunismus brauchte kein Untertan mehr Gewürze, denn es gab hinter Stacheldraht für Millionen gar kein Huhn im Topf, das gewürzt werden müsste. Die Häftlinge in den Arbeitslagern tranken keinen Kaffee […] und manche schlachteten im Wahnsinn des Hungers heimlich ihre krepierten Leidensgefährten, zum Fraß. Ideologisch verblendet. [...] Brecht, Bloch, Gerhart und Hanns Eisler, Feuchtwanger, Heinrich Mann, denen es gelungen war, sich vor den Genossen Hitler und Stalin in Sicherheit zu bringen ... Mir träumte, Heine sei ein Häftling auf der Insel Kuba ... in einem grausam verdreckten Knast des Castro-Regimes, Abteilung „Staatsfeindliche Poeten". [...] Ich sagte: „Lieber, verehrter Monsieur Heine, Sie sind doch der Verfasser der Verse [...], hoffen Sie immer noch auf einen Kommunismus mit Zuckererbsen für jedermann?"

Das ist dümmlich, zynisch, anbiederisch; man muss sich unter kulturnahen Menschen mit Erinnerungsvermögen heute schon entschuldigen, Biermann zu zitieren, noch dazu im Kontext mit Heine, aber das war es wohl, was der nationalistische Konvertit mit seiner ödipalen Anpisserei erreichen wollte. Heinrich Heine kannte seine Biermanns und hat sie schon vorsorglich und rechtzeitig abgewatscht: „Aus Haß gegen die Parteigänger des (teutonischen) Nationalismus könnte ich fast den Kommunisten meine Liebe zuwenden, wenigstens sind sie keine Heuchler." So lautet eines der dialektisch formulierten Distichen aus Heines „Lutetia". In diesem Buch, worin er dem deutschen Publikum das revoltierende Frankreich erklärte, unternahm er den weitesten intellektuellen Vormarsch gegen die herrschende Front aus feudaler Reaktion und feigem Kleinbürgertum. Es geht damals wie heute um „Klassenverrat", die zentrale Kategorie fortschrittlicher Kunst im Kapitalismus. Die Künstler wollen essen, die Bourgeoisie bezahlt – so einfach ist unter normalen Umständen das Verhältnis.

Aber seit Gramscis Gefängnisschriften wissen die Linken genauer, dass es auch zu Zeiten großer revolutionärer Schwäche möglich ist, auf dem Gebiet der Kultur linke Siege und sogar eine linke Hegemonie im öffentlichen Diskurs zu erringen, falls nur die Mehrheit der Intellektuellen „vorzeitig" auf die Seite der Revolution übergeht: Weil nämlich die Kunst ihre Zahlherrn nicht mag und frei sein will, befreit von Armut, Zensur und der bürgerlichen Zumutung der Verwertbarkeit. Lügende Künstler sind ein Widerspruch in sich, von Ausnahmen wie Biermann und dem ganzen Dreck im Fernsehen mal abgesehen. Heine hat auch zu seiner Zeit solche „Künstler" gekannt, miese Anpasser, die um kleinen Vorteils willen sämtliche intellektuellen Klasseninteressen verraten, Wahrheit, Qualität, Integrität, als hätte er sie prophetisch vorausgesehen. Der Grund ist, dass wir immer noch in derselben Gesellschaftsstruktur leben und deswegen auch die Gesetze von Überleben und Verrat dieselben sind. Die individuelle Lösung kann ein ehrlicher Künstler, das ist das Thema von „Lutetia", nur im Bündnis mit den Armen suchen, wenn und soweit sie revolutionär sind. Und obwohl Heine niemals materiell Hunger litt und sein „Übergang zum Proletariat" nur ideell stattfand, war er in Werk und Haltung stets der „Alte Fuchs", der die Bewunderung der nachfolgenden jungen Revolutionäre lächelnd ertrug.

Was die Autoren der ideologischen Spurensuche zur Verwandtschaft von Marx und Heine oft vergessen, ist die Generationendistanz: Heine war „der Alte"; je nachdem welches seiner phantasievoll erfundenen Geburtsdaten gerade galt, zählte er um zwanzig bis fünfundzwanzig Jahre mehr als die jungen „Doktoren der Revolution" Karl Marx und Arnold Ruge, mit denen er in der Pariser Emigration an den „Deutsch-französischen Jahrbüchern" arbeitete. Im Unterschied zu ihnen hatte Heine noch bei Hegel persönlich studiert, die nachfolgenden „Linkshegelianer" kannten Hegel nur vom Hörensagen oder aus unzuverlässigen Vorlesungsmitschriften. Er hatte an der Berliner Universität, wie Bilder zeigen, wirklich „zu Füßen" von Gottvater Hegel gesessen, aus dessen Vorlesungen gelernt, was heutzutage Peter Hartz und Müntefering in den Ohren gellt und was mithin schon lange vor Marx verbreitete Einsicht war:

> Das Herabsinken einer großen Masse unter das Maß einer gewissen Subsistenzweise, die sich von selbst als die für ein Mitglied der Gesellschaft notwendige reguliert, – und damit zum Verluste des Gefühls des Rechts, der Rechtlichkeit und der Ehre, durch eigene Tätigkeit und Arbeit zu bestehen, – bringt die Erzeugung des Pöbels hervor, die hinwiederum zugleich die größere Leichtigkeit, unverhältnismäßige Reichtümer in wenige Hände zu konzentrieren, mit sich führt.
> (§ 244 Grundlinien der Philosophie des Rechts von G. W. F. Hegel, 1821)

Dies ist ein Zitat aus den berühmten Paragraphen 188 ff. und 230 ff., in denen der Begriff der „bürgerlichen Gesellschaft" schon so entwickelt wird, wie man es später den Marxisten zuschreiben wird, um ihre grundsätzliche Kritik als extremistische Position unwirksam zu machen, so etwa im § 189/193:

> Die bürgerliche Gesellschaft enthält [...] die Vermittelung des Bedürfnisses und die Befriedigung des einzelnen durch seine Arbeit und durch die Arbeit Befriedigung der Bedürfnisse aller übrigen [...], enthält unmittelbar die Forderung der Gleichheit mit den anderen hierin.

Die „Grundlinien" sind eine Vorlesungsmitschrift und erscheinen deswegen oft so „dunkel" und sprunghaft, weil die Herausgeber natürlich noch nicht stenografieren konnten. Sie erschienen 1821 und geben mithin genau die Seminare wieder, die Heine bei Hegel belegt haben dürfte. Durchdacht hat Hegel erstmals das alles übrigens in seinem Sommerhaus am Südabhang des damals wüsten Kreuzberges bei Berlin, etwa dort, wo sich bis vor kurzem das Gelände der Schultheiss-Brauerei befand. Dort besaß Hegel ein Sommerhaus, und dort starb er auch 1831 an der Cholera. Zu der Zeit ging Marx noch in Trier zur Schule. Man kann ermessen, wie wichtig für Marx später die Zeitzeugenschaft Heines war, denn auf den preußischen Staatsphilosophen Hegel bezog sich jeder im wissenschaftlichen Diskurs, sei es gläubig oder kritisch.

Für Hegel bestimmte bekanntlich der „Weltgeist" die Geschichte, erst „vom Kopf auf die Füße gestellt" durch die „Junghegelianer" wurde seine Dialektische Theorie nutzbar als Anleitung für revolutionäre Praxis, von Heine meisterlich in Reime gesetzt.

Obgleich Heine nicht wie Marx von der Polizei in die Emigration gezwungen war, sondern durch Schikanen und Veröffentlichungsverbote, sieht er sich zeitlebens als Sympathisant der französischen Revolutionen, seit er im Mai 1831 Wohnung in Paris nimmt und noch in die Nachwehen der Juliusrevolution von 1830 gerät und ihrer frühkommunistischen Epigonen. Dort lernt er 1843/44 den jungen Emigranten Marx kennen, und sie bestärken sich in der Adaption eines modernisierten Hegelschen Kommunismus. Heine publiziert seine härtesten Texte, etwa „Die schlesischen Weber" von 1844 und „Doktrin" von 1851, einem literarischen Dank an Hegel, auf einem gemeinsamen Flugblatt:

Doktrin

Schlage die Trommel und fürchte dich nicht,
und küsse die Marketenderin!
Das ist die ganze Wissenschaft,
das ist der Bücher tiefster Sinn.

Trommle die Leute aus dem Schlaf,
trommle Reveille mit Jugendkraft,
marschiere trommelnd immer voran,
das ist die ganze Wissenschaft.

Das ist die Hegelsche Philosophie,
das ist der Bücher tiefster Sinn!
Ich hab sie begriffen, weil ich gescheit,
und weil ich ein guter Tambour bin.

Heine, der ganz im Gegensatz zum *Eleganten Unsinn (Sokal/Bricmont)* der heutigen Poststrukturalisten, einfache Worte suchte, aber nicht einfache Gedanken, hat als erster Hegels Einsichten volksfreundlich dargestellt („Die Romantische Schule") und popularisiert, etwa in diesem kommunistischen Gedicht:

Weltlauf

Hat man viel, so wird man bald
noch viel mehr dazu bekommen.
Wer nur wenig hat, dem wird.
auch das wenige genommen.

Wenn du aber gar nichts hast,
ach, so lasse dich begraben –
denn ein Recht zum Leben, Lump,
haben nur die etwas haben.
(Aus „Lazarus", 1851)

Und noch 1855 analysiert er in der großen klassischen Ballade „Das Sklavenschiff" den ökonomischen Zusammenhang von Sklavenhandel, Unterhaltungskultur und Religion, es endet: „Verschone ihr Leben um Christi willn, / Der für uns alle gestorben! / Denn bleiben mir nicht dreihundert Stück, / So ist mein Geschäft verdorben."

Dies schmetterte ein Mensch in die europäische Öffentlichkeit, der mit einer rätselhaften Nervenlähmung, seit fast einem Jahrzehnt unbeweglich ans Bett gefesselt war und der 1855 noch ein knappes Jahr zu leben hatte. Wenn er auch, mehr oder weniger ironisch, am Ende fromm wurde, was man angesichts seiner körperlichen Leiden vielleicht verstehen kann, so blieb er doch immer Sympathisant der revolutionären Arbeiterbewegung. Harry Heine, wie er vor seiner Taufe 1823 anlässlich des juristischen Examens hieß, war schon Kommunist, als Marx und Engels noch in die Windeln machten.

Heines Kommunismus war der von Babeuf und seiner „Verschwörung der Gleichen", ein idealer Traum aus intellektueller Konsequenz: „Kann ich der Prämisse nicht widersprechen, ‚daß alle Menschen das Recht haben zu essen', so muss ich mich auch allen Folgerungen fügen" (Lutetia). Als lebenslang gutgesponserter Bankiersneffe und Empfänger erheblicher französischer Subsidien brauchte er den praktischen Beweis seiner Solidarität mit dem Proletariat nie anzutreten, ja, er hatte sogar persönlich Angst vor der unausbleiblichen Revolution, weil dann das „Manifest der Gleichen" gälte: „Mögen, wenn es sein muß, alle Künste untergehen, wenn uns nur die wirkliche Gleichheit bleibt!" (Babeuf). Aber Heine war bereit, dass die Blätter mit seinen edlen Gedichten darauf nach der Revolution zum Erbsenabwiegen benutzt würden, wenn denn nur jeder genügend Erbsen erhielte, auch Zuckererbsen.

Das ist das wahre Heinesche Vermächtnis: Der Klassenverrat des bürgerlichen Intellektuellen wird ihm nicht zum persönlichen Vorteil gereichen, wohl aber zur allgemeinen Befreiung mithelfen. Heine fühlt eine „geheime Angst des Künstlers und des Gelehrten, die wir unsre ganze moderne Zivilisation, die mühselige Errungenschaft so vieler Jahrhunderte, die Frucht der edelsten Arbeiten unsrer Vorgänger, durch den Sieg des Kommunismus bedroht sehen." (Geständnisse) Heinrich Heine ist einverstanden. Acht Jahre lang Gefangener der Matratzengruft und dennoch kein Zaudern und kein Jammern, sobald es gegen die Reaktion geht. Welch ein Held!

Dann kamen die deutschen „Doktoren" Marx und Engels und erfanden die Politik der Klassenbündnisse und den Begriff des „historischen Erbes", das *Kommunistische Manifest* empfahl die Fortsetzung der bürgerlichen Revolution, nicht ihre Rücknahme. Daher Heines Hochachtung für sie. Der linke Intellektuelle darf nun, dank Marx, ohne Furcht vor kulturloser Gleichmacherei das politisch-ökonomische Bündnis mit der Bourgeoisie, von der er vorerst noch lebt, aufkündigen und sich bedenkenlos mit den revolutionären Klassen in eine gemeinsame Kampffront begeben. Der genaue Zeitpunkt dieser unter Künstlern heute wieder umkämpften Entscheidung lässt sich bei Heine philologisch genau feststellen. Noch 1854 am Ende des in der DDR oft und falsch zitierten berühmten Satzes aus „De L'Allemagne" findet sich jenes bedeutungsschwere „je le crains / ich fürchte es". Erst in der letzten Auflage 1855 fehlt es: Heinrich Heine starb getröstet! Hier nun die ganze Wahrheit:

> Die mehr oder weniger geheimen Führer der deutschen Kommunisten sind große Logiker, deren stärkste aus der Hegelschen Schule hervorgegangen sind, und sie sind ohne Zweifel die fähigsten Köpfe, die energischsten Charaktere Deutschlands, Diese Doktoren der Revolution und ihre mitleidslos entschlossenen Schüler sind die einzigen Männer in Deutschland, die Leben in sich haben, und ihnen, fürchte ich, gehört die Zukunft. (junge Welt, 29./30. Juli 2006)

„HOTEL CALIFORNIA"

Hören Sie mit Ihrem inneren Ohr den Popsong „Hotel California", 1976 von der amerikanischen Softrockgruppe *Eagles* eingespielt. Es blieb deren einziger Welterfolg: *„Welcome to the Hotel California, what a lovely place, such a lovely place ..."* Die *Eagles* gehörten zu jenen bedauernswerten Gruppen, die einen großen Hit hatten, der bis heute in jedem Supermarkt zu Tode gedudelt wird, von denen man aber ansonsten nie wieder etwas Nennenswertes gehört hat. Die Musik läuft unter dem folgenden Text weiter. Falls Sie die CD besitzen, könnten Sie sie jetzt auflegen.

Es ist, aus Gründen, die mir nie ganz klar wurden, einer meiner Lieblingssongs aus den 70ern, vielleicht wegen ganz intimer Erinnerungen drumherum. Das „Hotel California" in dem Lied ist eine heruntergekommene Armenabsteige am Rande der Wüste, voller skurriler Gestalten; ein Ort, so geheimnisvoll, verzaubernd und gemütlich, dass man von dort einfach nie mehr wegkommt. Die Hotelgäste bleiben für immer. Ein lyrisches Bild für die existentialistische Gebundenheit des modernen Menschen an sein Geschick bei allen Möglichkeiten, aller Freiheit, die scheinbar da ist. Ein Ort, von dem man nicht loskommt.

Seit 30 Jahren gehört dieser melancholisch kitschige Song zur gefühlsmäßigen Grundausstattung alternder Popfans. Die bittersüße Stimmung der Musik verschränkt sich mit Jugenderinnerungen, verletzten Träumen und nebelhaften Bildern von ersten Küssen, frühen Lieben und Räuschen. Was der Film „Casablanca" für den Filmfan, ist „Hotel California" für die tiefen Schichten des Schlagergemüts: Dudelt der Song im Hintergrund bei Edeka, bleibt man noch drei Minuten länger im Laden, kurvt um die Regale herum und weiß nicht warum, legt aber eine Tafel Mokkaschokolade oder einen großen gelben Vanillepudding extra in den Einkaufskorb. Aus Musik ist „muzak" geworden.

„Hotel California" steht für den unverletzbaren Persönlichkeitskern unseres Kinder-Ichs, das wir bis zum Lebensende schützen und behüten müssen, weil es uns heimisch sein lässt in der Welt. Ich hoffe, Ihre CD ist jetzt gerade beim Refrain angekommen und Sie lauschen, ein letztes Mal in aller Harmlosigkeit – Wissen verändert die Wahrnehmung. Amerikanische Soldaten nämlich nennen „Hotel California" die geheimen Gefangenenlager der US-Armee, die diese in „befreiten" Ländern errichtete. Ich entnehme folgenden Bericht einer Meldung der *Basler Nachrichten* vom 2. März 2003 :

> Das „Hotel California", zynisch benannt nach einem Song der Eagles über eine Stätte, von der man so schnell nicht wieder loskommt, ist ein „Verhörzentrum" der USA im Kampf gegen den weltweiten Terror. Die wichtigsten befinden sich in Baghram, in Kandahar und auf der abgelegenen Insel Diego Garcia im Indischen Ozean. In Baghram wird seit seiner Verhaftung Khalid Mohammed, die angebliche No. drei im Terrornetzwerk Al Qaida, unter „höchstmöglichem Druck" in die Mangel genommen. Manchmal sterben auch Gefangene an den Verhörmethoden, von denen Washington steif und fest behauptet, daß es sich nicht um Folter handelt. Zum Beispiel ein Mann, von dem nur das Alter 22 und der Vorname Dilavar bekannt sind. Bei der Obduktion seiner Leiche fanden Ärzte heraus, daß der junge Mann sein Verhör nicht überlebte, weil er „Verletzungen mit einem stumpfen Gegenstand an den unteren Extremitäten" erlitt. Der 30jährige Mullah Habibullah starb an einem Blutpfropfen in der Lunge, der durch „Verletzung mit stumpfer Gewalt" verursacht worden sei. Im Klartext: Die beiden Gefangenen wurden beim Verhör durch US-Personal zu Tode geprügelt. Weshalb sie verhaftet wurden, weiß niemand. Damit die US-Gesetze nicht in die Quere kommen, werden die Gefangenen absichtlich an solchen Orten wie Baghram festgehalten.

Oder Abu Ghraib oder Guantánamo oder an anderen Orten, wo Gefangene rechtlos jeder Folter unterworfen werden können: Schlagen, langsames Töten, Elektroschocks und neuerdings auch Schlafentzug durch permanente laute Rockmusik. Tatsächlich gehört „Hotel California" mittlerweile ebenfalls zu den ausgewählten Musiken. Ihre CD ist mittlerweile wieder beim Refrain angekommen, hoffe ich.

Mit dem „Krieg gegen Terror" ist der Weltimperialismus fast unbemerkt in eine neue Phase eingetreten: Verhinderung von Kriegen und Völkermord durch UNO-Regularien, Verbot der Folter, Todesstrafe, Hexenjagd und Unterdrückung aus Kultur- und Glaubensgründen – all diese Dinge, die die bürgerlichen Gesellschaften vom Mittelalter unterschieden, haben sich in den letzten Jahren zuerst in den USA und dann langsam auch in anderen Ländern ins Gegenteil verkehrt. Aus dem einstigen Hort der Aufklärung, Sklavenbefreiung und der antifaschistischen Koalition, der Hippiekultur der Achtundsechziger, wovon auch dieses Lied ein Teil war, ist ein Vorreiter der Massenverblödung, Armut und Folter geworden.

„Wer einmal der Folter unterlag", schreibt Jean Amery, „kann nie wieder heimisch werden in der Welt." Und stellen Sie sich nun bitte zu den letzten krei-

schenden Gitarrentönen Ihrer CD einen Menschen vor, der das „Hotel California" in Baghram überlebt hat, als Asylbewerber vielleicht bei *Edeka* einkaufen
geht und dann diese Musik hört! Er wird vor Angst schlottern, in eine dunkle
Ecke zu kriechen versuchen und kotzen, kotzen, kotzen. Denn er kennt das *Hotel
California,* das einen nie mehr loslässt. Und Sie jetzt auch.

(Erstmals vorgetragen zur Musikbegleitung der Schlagersängerin Irma Ladouce
in der *Höhnenden Wochenschau* zum Kriegsbeginn gegen Irak am 2. April 2003
im *Grünen Salon* der Volksbühne am Rosa-Luxemburg-Platz in Berlin.)

Klaus Siebenhaar

„Das neue Leben beginnt."

Erneuerungsvisionen und -projekte in Literatur und Kunst von der Jahrhundertwende bis zu Beginn der Weimarer Republik

Die „Welt von gestern", wie Stefan Zweig im Rückblick der späten dreißiger Jahre das Vorkriegseuropa nannte, ist von einer trügerischen Sicherheit durchdrungen. Die sogenannte Belle Epoque gibt sich schwelgerisch und prachtvoll, technologische und soziale Fortschrittsgläubigkeit breitet sich im öffentlichen Bewusstsein aus, der „Geist des naturalistischen Zeitalters" (Alfred Döblin) verherrlicht Maschinen, Geschwindigkeit, dynamisches Wachstum in immer neue rekordverdächtige Höhen – und vor allem floriert die Versicherungswirtschaft. Die „Welt von gestern" betreibt exzessive Risikominimierung, indem sie sich für und gegen alle Fälle versicherte und zugleich auf eine ertragreiche Zukunft baute. Nur unter der glänzenden Oberfläche brodelt es gewaltig, und die künstlerisch-ästhetische Avantgarde wird zum unerbittlichen Seismographen der Krise, des Untergangs und Epochenumbruchs. Eine Generation von Umstürzlern und „Wilden" „hört die apokalyptischen Reiter", geht „neue Wege" und lässt „neue Formen heute an allen enden Europas hervorsprießen wie eine schöne ungeahnte Saat".[1]

Und das moderne „Ich" mit seiner „Selbständigkeit des individuellen Subjekts"[2] sucht sich noch einmal einen lebensweltlichen Anker, der den Künstler und geistig „Schaffenden" zum Motor und Schöpfer eines besseren Lebens avancieren lässt.

Viele der um 1900 im Zeichen der Moderne auftretenden Literaten und Künstler sind vor diesem Hintergrund Suchende, Tastende, Erprobende, denen Gewissheit fremd oder sichernde Erkenntnis abhanden gekommen ist. Ihre künstlerisch-weltanschauliche Entwicklung vollzieht sich im Nicht-mehr-und-noch-nicht einer Schwellenzeit, wo vieles wird, gärt, träumt, versinkt, opponiert, aussteigt, mäandert. Radikalität, Emphase und Widersprüchlichkeit kennzeichnen die Jahrzehnte zwischen 1900 und 1920. Im Maskenspiel der Stile und Ismen, in der Flut der Programmschriften und Manifeste, in der metapherntrunkenen Poetisierung der Welten- und Zeitläufte artikuliert sich das Suchen und Ringen der zwischen 1875 und 1890 geborenen Generation der Stürmer, Dränger und Eskapisten.

---

1 Der Blaue Reiter: In: Wassily Kandinsky/Franz Marc (Hrsg.): Der Blaue Reiter. Dokumentarische Neuausgabe von Klaus Lankheit. München 1965. S. 316.

2 Vgl. Gottfried Benn: Das moderne Ich. In: Sämtliche Werke. Bd. III: Prosa 1. Stuttgart 1987. S. 103 ff.

Diese Art gemeinschaftsstiftende „Menschheitsdämmerung" kennt viele Namen, ästhetische Signaturen, Weltanschauungen und differente Einstellungsmuster. Zwischen ästhetischer Innovation, ideologischem Eklektizismus, antibürgerlichem Gesinnungsethos und bunt gemischten Sehnsuchtsgebärden lässt sich allerdings – ebenso eindeutig wie verbindlich – die polare Grundspannungskonstellation jener Dekaden markieren: Apokalypse und Utopie, Untergang und Neubeginnen.

Ansonsten darf von einer irritierenden Vielfalt und Gleichzeitigkeit der geistig-künstlerischen und politisch-gesellschaftlichen Mischungs- und Beziehungsverhältnisse ausgegangen werden.

Im geographischen Kosmos zwischen Ascona, Eden, Grunewald, Worpswede und Hellerau war Platz für die Fidus, Mühsam, Landauer, Wolf oder Vogeler. Körperkultur, Vegetarier, Ausdruckstänzerinnen, Bohemiens, Gymnasten und Wandervögel, Gartenstädte, Landkommunen, Siedlungsbewegungen und Reformhäuser kündeten in unterschiedlichen sozial- wie lebensreformerischen Abstufungen vom Ideal neuer Gemeinschaft und alternativer Institutionen. Der schöpferische Elan vital kannte in seinem Aufbruchsgestus zwischen dem „Sozialismus des Herzens" (Gustav Landauer) und dem „Expressionismus der Liebe" (Heinrich Vogeler) keine Parteien, keine fest gefügten politischen Lager und erst recht keine wissenschaftlich-theoretische Fundierung mehr, sondern nur noch: den Menschen, seine Selbstfindung in der Wandlung zum neuen Leben hin, dem klassenlos-kreatürlichen Paradies auf Erden.

Die Moderne in ihrer Janusköpfigkeit und als dialektisch begriffener Prozess bildet den immer präsenten Hintergrund, den umfassenden Kontext. Denn die mannigfaltigen Entwürfe zur Neugestaltung von Kunst und Leben seit der Jahrhundertwende sind Reaktionen und Gegenbewegungen zu einem alles umwertenden und umwälzenden, wandlungsdynamischen Prozess der Modernisierung, dessen Eckpfeiler Säkularisierung, technische Industrialisierung, soziale Frage und Urbanisierung bilden. Das Bewusstsein „transzendentaler Obdachlosigkeit" (Georg Lukács), von Leere, nervöser Langeweile sowie der verschiedensten zivilisatorischen Verlusterfahrungen stellt die psycho-mentale Grunddisposition vieler Künstler, Literaten, Sozialreformer und Philosophen dar.

Es ist ein weites, bisweilen unübersichtliches, stets bunt schillerndes Feld voller versteckter Paradiesgärtlein, verträumter Ecken, verlockender Sumpfblüten, bizarrer Orte – eine Gegenwelt voll tragisch-komischer Helden, eine Alternative von faszinierender Vielfalt, eine geistig-ideologisch wie ästhetisch-stofflich chaotische Gemengelage, die nur einen, aber alles entscheidenden gemeinsamen radikalen Impetus kennt: So nicht weiter mit Leben, Kunst und Denken.

Das Andere lässt sich gleichermaßen auf eine Losung hin verdichten: „Incipit vita nova"[3] – das neue Leben beginnt. Historisch gesehen, beginnt es früh, Ende des 19. Jahrhunderts, sucht sich in Licht, Luft und Sonne seine natürlichen Lebenszusammenhänge, radikalisiert sich als antibürgerliche Boheme, organisiert sich über literarisch-künstlerische Gruppenbildungen mit aufrührerischem Geist, erfährt seine finale Katharsis in der apokalyptischen Hölle des Ersten Weltkriegs und mündet im konkreten revolutionären Wandlungsakt Ende der zehner Jahre. Um 1920 ist zugleich die große Wegscheide, an der sich die Geister und Bewusstseinslagen, Biographien und künstlerischen Programme, die diversen politischen Bewegungen endgültig zu trennen beginnen.

Literarisch gibt zwischen 1910 und 1920 der Expressionismus den Ton an, und bildkünstlerisch bestimmt er in seinen gebrochenen Lineaturen und utopischen Pathosformeln die neuen Wahrnehmungsmodi. Erschütterung und Erwartung befinden sich im expressionistischen Jahrzehnt in einem delikaten Gleichgewicht, das gleichermaßen von Erstickungsanfällen im Juste Milieu, apokalyptischen Ahnungen und dem Purgatorium des Ersten Weltkriegs geprägt wie von utopischen Erneuerungsvisionen, von der Idee des Neuen Menschen und der Revolution der Herzen beseelt und durchdrungen ist. Sozial- wie kulturgeschichtlich zeichnen wir einen dreigliedrigen Entwicklungsprozess nach, der von der Zivilisationsmüdigkeit des späten 19. Jahrhunderts über eine facettenreiche Lebensreformbewegung zu den aus den schrecklichen Erfahrungen des Ersten Weltkriegs und dem endgültigen Zusammenbruch des alten, spätfeudalen Europas sich speisenden kulturorientierten sozialen Bewegungen führt.

Übergreifend gesehen, geht es vor allem aber auch um eine Neubestimmung des Verhältnisses von Kunst und Leben, um den unmittelbaren Zusammenhang von Kultur und Gesellschaft unter den Vorzeichen der Moderne.

In den durchaus disparaten Ideen und Modellen vom Gesamtkunstwerk Leben in einer gerechten und friedlichen Gemeinschaft suchen künstlerisches Selbstverständnis, individuelle wie kollektive Lebenspraxis nach innovativen ästhetischen Ausdrucksformen, einem kongenialen weltanschaulichen Kontext und schließlich nach einem zukunftsweisenden gesellschaftlichen Platz. Vieles kommt in diesem Jahrzehnt an Philosophischem, Sozialreformerischem, Politischem und Ästhetischem zusammen, vermischt sich, verflüchtigt sich auch wieder – um alles auf die beiden zentralen Ausgangs- und Zielpunkte hin zulaufen zu lassen: zum einen den Menschen in seiner Ganzheitlichkeit aus Geist, Seele, Körper, Kreatürlichkeit und gesellschaftlichem Status; zum anderen die radikale Absage an das Bestehende als existentielle Einstellungsmuster der jungen, aufbrechenden Generation, so wie es Ernst Bloch in „Geist der Utopie" (1918) im Duktus jener Dekade formuliert hat:

---

3 Vgl. Ernst Bloch: Geist der Utopie. Erste Fassung. In: Gesamtausgabe. Bd. 16. Frankfurt am Main 1977. S. 9.

Es ist genug. Nun haben wir zu beginnen. In unsere Hände ist das Leben gegeben. Für sich selber ist es längst schon leer geworden. Es taumelt sinnlos hin und her, aber wir stehen fest, und so wollen wir ihm seine Faust und seine Ziele werden.[4]

Die krisenhaft empfundenen Zeitsymptome wie Mechanisierung des Lebens, Ich-Dissoziation, sinnentleerter Pomp der Belle Epoque oder imperiale Gesten des autoritären Wilhelminismus kulminieren so in der Literaturrevolution des deutschen Expressionismus in einem dichterischen Selbstverständnis, das antibürgerliches Pathos der Distanz und messianisches Sendungsbewusstsein in Gleichklang bringt. Im Kaiserreich der Vorkriegszeit konstituiert sich die zum Lebensprinzip verfestigte Revolte unter negativen Vorzeichen, d. h. in Bildern des Ekels, des Untergangs und fratzenhaft verzerrten Verfalls. Zerstörung und Aufbruch markieren die Pole, zwischen denen für die Avantgarde der Jungen die „Pfade nach Utopia" (Martin Buber) führen, denn nichts weniger als bei „lebendigem Leibe" ins „Paradies zu schreiten" (Kurt Hiller) steht am Ende aller Sehnsucht.

Unter dem Einfluss des französischen Symbolismus und eines popularisierten Nietzsche-Kults vollzieht sich die „Umwertung aller Werte" aus der bewusst entrückten Perspektive des frei schwebenden Dichterpropheten, der leidend an „Barbaropa" (Albert Ehrenstein) und erfüllt von der kommenden Zeit eigenschöpferisch sich selbst befreit, um alsdann beseelt vom Genius des Empörers „Weltende" und „Menschheits-Dämmerung" zu verkünden.

Die zornigen „Söhne" legitimieren ihren Kampf gegen Väter und Philister moralisch, voluntaristisch, verschwommen politisch und über einen Sonderstatus der „Geistigen", welche vorbild- und märtyrerhaft Entfremdung, Verzweiflung und Hoffnung ahnen bzw. handelnd überwinden. „Ewig im Aufruhr" (Johannes R. Becher) und „im Nacken das Sternenmeer" (Ludwig Meidner), prallen Menschheitsverbrüderungs-Ethik und der Hunger nach Bildern von grell-dynamischer Farblichkeit direkt aufeinander. Die Erlebnisintensität einer subjektivistisch verkürzten, zugespitzten Erfahrungswirklichkeit mündet in einen ästhetischen Gestaltungswillen, „der unmittelbar und unverfälscht das wiedergibt, was ihn zum Schaffen drängt"[5]. Der Schrei als tonale und visuelle Manifestation des Schmerzes, von Leid, Anklage und Aufbegehren wird zum Sinnbild des expressionistischen Jahrzehnts und findet seine poetisch-metaphorische Ergänzung in Schlüsselbegriffen und Leitmotiven wie „Tribüne", „Kanzel", „Kampf", „Revolution", „Klage", „Erregung", „Vision" usw.

Die Rimbauds „Alchimie der Worte" verwandten Farbchiffren und der gesteilte Duktus in Prosa, Lyrik und Drama – dissonant, ekstatisch, appellativ, aufreizend, gewalttätig – unterstreichen peinigende Ruhelosigkeit und radikalen Ent-

4 Ernst Bloch: a.a O.
5 Ernst Ludwig Kirchner: Programm der „Brücke" (1906). In: Thomas Anz/Michael Stark (Hrsg.): Expressionismus. Manifeste zur deutschen Literatur 1910–1920. Stuttgart 1982. S. 18.

scheidungsdruck, unter welche sich diese Generation gesetzt fühlt. Der Erste Weltkrieg verdichtet schließlich das polare Existenzbewusstsein – Angst, Tod, Hölle, Nihilismus auf der einen, Liebe, Leben, Fülle auf der anderen Seite – vollends im Extrem.

Die von den meisten enthusiastisch begrüßte Flucht aus dem öden bürgerlichen Alltag in die vermeintlich gemeinschaftsstiftende Sphäre des Krieges hilft aber weder die „Trauer des Fleisches" noch die „Müdigkeit der Erfahrung" (René Schickele) zu überwinden. Jugendlich-anmaßender Unbedingtheitsanspruch, der die tiefe innere Verweigerung gegenüber der Erwachsenenwelt zur Voraussetzung hatte, zerbricht an der materiellen Verfügungsgewalt des ersten „modernen" Krieges. Die von physischer und psychischer Vernichtung durchsetzte Bilanz einer illusionären Selbstfindung verschärft den moralischen Rigorismus und forciert nochmals poetische Techniken und Ausdrucksformen.

Der Mensch rückt in die „Mitte", und der Dichter „greift" endgültig „in die Politik" (Ludwig Rubiner). So vage, diffus das Politikverständnis der neuen „geistigen Arbeiter" auch erscheinen mag, so idealistisch-naiv die allumfassenden Forderungskataloge der zahllosen Manifeste klingen, man bleibt Seismograph der Krise, und die „schöpferische Konfession" (Ernst Toller) der Dichter zwischen Kriegsende und Novemberrevolution zielt entschiedener denn je auf Praxis.

Die vielschichtig schillernden Entwürfe und utopischen Heilslehren, die predigthaft von der Bühne oder lyrisch verbrämt aus Anthologien tönen, bezeugen neben antizivilisatorischen Impulsen den Anspruch auf Teilhabe bei einem an der Wurzel ansetzenden Neubeginn. Die Aura des einsamen Sehers verblasst vor dem Ideal des Führers der auf Erlösung harrenden Massen – nicht marxistischer Klassenkämpfer, sondern säkularisierter Christus, der in der Zeichen- und Bildersprache des Alten Testaments die Wandlung des Individuums aus sich selbst heraus einleitet.

Der Geist der Utopie verzichtet zwar auf detailliert ausgemalte Paradiese, aktuelle sozialpolitische Konzeptionen fließen dennoch ein: Gartenstadtbewegung, Bodenreform, Landkommunen u. a. Dem Moloch Stadt und dem Maschinenzeitalter sucht man in kreatürlich-naturnahen, harmonischen Gemeinschaften zu entrinnen. Der „neue Mensch" widersteht Gewalt, Neid, Hass, materieller Verlockung – nur im klassenlosen neuen Adam leuchtet „Hoffnung auf bessere Zukunft" (Karl Otten).

Der Expressionist Georg Kaiser hat in seinem Programmdrama „*Hölle-Weg-Erde*" (1919) den Dreischritt vom alten zum neuen Leben metaphorisch auf den Punkt gebracht.

Ob Landauer, Mühsam oder Toller – leitmotivisch ist immer vom „Weg" als Umschreibung des individuellen wie gemeinschaftsstiftenden Wandlungs- und

Erneuerungsprozesses die Rede. „Ein weiter, langsamer Weg; ein Weg zunächst für die Wenigen", schreibt Gustav Landauer 1909 in seiner Schrift „Einkehr":

> Wir sehen den Untergang vor Augen, sehen ihn in allen Schichten unserer Völker, in allen; und spüren den Aufgang und die Erneuerung in uns selber. Die so gehen wie wir, die sich so fühlen wie wir, die rufen wir, die brauchen wir und die brauchen uns. Die wollen wir sammeln; mit denen wollen wir bauen und vorgehen, auf daß wir ein Zeichen unter den Völkern seien: hier ist die Stelle, wo der Weg wieder aufwärts führt.[6]

Dieser Art politisch-kreatürlicher Passionsweg der „Wenigen" mündet im konkret-utopischen Bild der neuen, gleichsam wiedergefundenen, von allen zivilisatorischen Schlacken und Deformationen befreiten „Erde". „Stark forme Deine Welt zum Bilde", heißt es in Erich Mühsams Gedicht „Predigt", und so nimmt die Sehnsucht nach der anderen, besseren Welt in der Vorstellung der „Erde" als Paradies am Ende aller Verwüstungen und Mühen Gestalt an. Dies geschieht im Wissen um den existentiellen Grundwiderspruch, den Mühsam in seinem „Appell an den Geist" (1911) formuliert hat:

> Dies ist der Konflikt, in den die Natur uns Menschen gestellt hat: daß die Erde von unseren Händen Arbeit fordert, um uns ihre Früchte herzugeben, und daß unser Wesen bestimmt ist von Faulheit, Genußsucht und Machthunger. [...] Den Ausweg zu finden aus dieser Diskrepanz: das ist das soziale Problem aller Zeiten.[7]

Erde und Mensch, so wie sie Landauer, Mühsam, Rubiner und andere expressionistische Dichter verstehen, künden von der „unverdorbenen, natürlichen, wechselseitigen Einstellung der Menschen zueinander"[8] als der allem zugrundeliegenden Humanität der Zukunft.

In diesem Kontext lassen sich auch die wesentlichen weltanschaulichen Kernbegriffe und sozialen wie ästhetischen Entwürfe – sei es nun „Anarchie" als „brüderliche Gemeinschaft" und „Angelegenheit des Herzens" oder etwa die Manifestation des Revolutionären an und für sich – erklären und anordnen. Noch vor dem Ersten Weltkrieg und der Novemberrevolution, die als „Brennende Erde" in Mühsams spätes Metaphernarsenal eingehen werden, wird Mühsams „Überdruss und Sehnsucht" als die Antriebskräfte sowie „Zerstörung und Aufrichtung" als Ausdrucksformen der Revolution beschrieben.

Wie bei vielen anderen auch werden vitalistische Philosophie, soziales Engagement und individueller Ekel gedanklich ineinander verwoben und rhetorisch im Duktus des Empörers kundgetan: „Einige Synonyma für Revolution: Gott, Leben, Brunst, Rausch, Chaos. Lasst uns chaotisch sein!"[9]

---

6 Gustav Landauer: Beginnen. Aufsätze über Sozialismus. 1977 (Reprint). S. 40 f.
7 Erich Mühsam: Ausgewählte Werke. Hrsg. von Christlieb Hirte. Bd. 2. Berlin (DDR) 1978. S. 65 f.
8 A.a.O. S. 72.
9 Erich Mühsam: Revolution I (1913). H. 1. S. 2.

Explosiv und expressiv ist die Zeit, und die subjektiven Befindlichkeiten mit ihren verwüsteten Seelandschaften und vulkanischen Gemütszuständen werden in zeitpolitische Forderungen und konkrete politische Aktionen überführt. Das gilt nicht nur für Mühsam oder die linksexpressionistischen Kreise um Franz Pfemferts Zeitschrift „Aktion". Und dennoch bleibt es bei der Gleichzeitigkeit von Idealismus, säkularisierter religiös getöner Emphase und einem utopischen Revolutionsverständnis, das auf eine radikale Erneuerung des Lebens und der Gesellschaft zielt.

Den utopisch prinzipiellen Weg aufzuspüren, ihn qua Willensakt zu initiieren, darum kämpft man, „diesen zu finden, das Rechte zu finden, um deretwillen es sich ziemt, zu leben, organisiert zu sein, Zeit zu haben, dazu gehen wir, hauen wir die phantastisch konstitutiven Wege, rufen was nicht ist, bauen ins Blaue hinein [...]"[10].

Blochs Verheißungen einer neuen „Morgenfrühe" haben 1919 der von der englischen „Arts & Craft"-Bewegung und einem am Gesamtkunstwerk orientierten Jugendstil kommende Heinrich Vogeler und der sozial engagierte, in natürlich-kreativen Lebenszusammenhängen und expressiven Ausdrucksformen gleichermaßen geprägte Arzt und Schriftsteller Friedrich Wolf konkret ins Lebenspraktische übersetzt. Begriffliche Leitmotive der Lebensreform wie „Echtheit", „Einfachheit", „Wahrheit", „Heiterkeit", „Klarheit", „Schönheit", „Würde" oder „Veredelung" haben sich bei Vogeler und Wolf schon mit dem expressionistischen Furor aus „Feuer, Schwung und bestem Willen"[11] zu einem ambitionierten-utopischen Programm und realen Projekt verbunden.

In dieser Zeit hatten Landauer und Eisner ihr räterevolutionäres Engagement in Bayern bereits mit dem Tod gebüßt, und Literaten wie Toller und Mühsam saßen auf Jahre in Festungshaft, ohne von ihren Träumen und Utopien zu lassen.

Was ihre Generation noch vor dem Ersten Weltkrieg durch „Absonderung zur Gemeinschaft" und anarchische „Weckrufe" zu bewirken und erreichen trachtete, konnten Vogeler und Wolf als soziales Experiment nunmehr erproben. Anders als bei den gemeinschaftsstiftenden Selbstversuchen zwischen 1900 und 1905, wo bohemienhaftes Vagabundentum und lebensreformerische Sozialromantik Erich Mühsam in den Grunewald, nach Friedrichshagen und zum Monte Verità nach Ascona getrieben hatte („Jetzt mußten wir vegetarisch leben, kriegten nichts zu trinken und zu rauchen und mußten barfuß, barhaupt und in Leinenkitteln herumlaufen.")[12], ging es in Worpswede jetzt ums Ganze, um die nackte Existenz vieler, nicht zuletzt politisch Verfolgter. Und doch ist auch hier wieder, dem letzten großen sozialen Projekt dieser Dekaden, in dem Künstler,

10 Ernst Bloch: Geist der Utopie. A.a O.
11 Friedrich Wolf: Barkenhoff. In: Gesammelte Werke Bd. 25: Aufsätze 1919–1944. Berlin und Weimar 1967. S. 38.
12 Erich Mühsam: Brief an Julius Bab vom 18.8.1904. In: Briefe an Zeitgenossen. Berlin 1978. S. 26.

Arbeiter und Außenseiter zusammenkommen, jener lang anhaltende und selbst-
bewusst nachklingende „Geist der Utopie" spür- und erkennbar. Und das trotz
der gescheiterten Novemberrevolution, trotz politischer Repression und materiellen Elends.

Der Barkenhoff, wo sich Wolf und Vogeler im Bereich besitzloser Gemeinwirt-
schaft Anfang der zwanziger Jahre finden, ist das Ergebnis eines kathartischen
Prozesses, an dessen Beginn Verzweiflung steht, dessen Wendepunkt Selbster-
kenntnis und Wandlungsbereitschaft markieren und an dessen Zielpunkt der pa-
zifistische Glaube an den neuen klassenlosen Menschen in der Gemeinschaft
steht, so wie es Vogeler 1919 postuliert:

> Wir sehen den Mensch als Symbol der einzigen Wahrheit, der unvergänglichen
> Kraft, den Menschen als Expressionismus der Liebe. So richte dich selber als Bei-
> spiel in deinem Leben auf, in deiner Ehe, in deiner Familie, in deiner Gemeinde
> und in deinem Staate. Es gibt kein Ding der Welt, kein Ereignis, das du nicht mit
> dem Lichte deiner Kraft durchleuchten könntest. So erringst du bedingungslos
> und ohne Grenzen eine Freiheit, Frieden.[13]

Diesen quasi-religiösen Glauben an das „Gute im Menschen", die in ihrem
Selbsterweckungspathos einer „Wiedergeburt"[14] gleichkommt, ergänzt der frühe
Friedrich Wolf in „Gymnasten über Euch!" (1919) mit dem Akzent des neuen,
sozial geläuterten „Homo natura", dem Menschen im Zustand unbedingter Ver-
einfachung und Reinheit:

> Ihr wißt es bloß nicht, dass in dieser Einfachheit das wahre Leben liegt samt al-
> lem, was der Mensch „braucht". Und eines noch wird plötzlich euch klar werden:
> wieviel Ballast ihr mit euch herumschleppt, mit wieviel Drum und Dran ihr euer
> schönes nacktes Leben selbst verschandelt und – wieviel sinnlosen Plunder ihr
> „produziert"! Vielen von euch wird dies draußen klarwerden; und vieles werdet
> ihr *nicht* mehr „brauchen"! Reduktion! Vereinfachung! Und Zeit, „nur Zeit"! Und
> Ruhe! Nacktheit – Gotterschaffenheit! Gesund können wir sein, schön, rein –
> wenn wir wollen![15]

Der Weg aus der „Hölle" des alten, von Krieg und Zerrüttung bestimmten Lebens führt „hinein in die Erde", wie es Wolf 1921 in seiner „Barkenhoff"-Schrift
ausdrückt.[16] Das „Neue Leben" ist nicht mehr nur „Bauen ins Blaue", sondern
ein entschiedenes konkretes Neubeginnen aus der Denkfigur des Ursprungs und
der Umkehr, wo sich Tat dem Traum vermählt und noch keine fest gefügten
ideologischen Grundmuster walten, sondern ein zyklisches Denken, das die

---

13 Heinrich Vogeler: Über den Expressionismus der Liebe. In: Das neue Leben. Ausgewählte Schriften zur proletarischen Revolution und Kunst. Hrsg. von Dieter Pforte. Darmstadt/Neuwied 1973.
   S. 106 f.
14 A.a O. S. 100.
15 Friedrich Wolf: Gymnasten über euch! In: Gesammelte Werke Bd. 25: Aufsätze 1919–1944. Berlin
   und Weimar 1967. S. 23.
16 Friedrich Wolf: Barkenhoff. In: a.a O.

Menschheitsgeschichte wieder messianisch auf Anfang zu stellen versucht. In seinem „Bilthoven" – Anfang 1921 – propagiert Friedrich Wolf:

> Und dennoch: gerade jetzt im Jahrhundert der Masse, der Weltstadt, der Industrie erblühen gleichzeitig keimhaft an allen Enden neue Zellen, winzige Zellen, aber von unerhörter Lebenskraft und Gedrängtheit. Winzige Organismen, darauf kommt es an! Zellen! – Das Wachstum aber aus jenem Urverhältnis: Mensch und Erde! Es gehört heute wirklich keine Prophetie dazu, den Untergang des Abendlandes und die „Auflösung der Städte" vorauszusagen.[17]

Dazu sollte es nicht kommen – im Gegenteil: Die Zwanziger Jahre avancierten zum vorläufigen Höhepunkt einer modernen materialistischen Metropolenkultur, die auf „glänzendem Asphalt" dem „Kult der Zerstreuung" (Siegfried Kracauer) huldigte.

So bleibt am Ende nur die aus der üppig sprudelnden Quelle der sozialen wie ästhetischen Lebensreform gespeiste große Hoffnung auf das neue, bessere Leben – als ewiger utopischer Menschheitstraum und als vorbildhaftes, beispielgebendes und begrenztes Projekt. Dass es am Ende scheiterte, diskreditiert weder die damit verbundenen utopischen Ideale noch das ambitionierte Wollen und Wirken selbst.

So wie es Erich Mühsam in seinem Gedenkgedicht für den ermordeten Gustav Landauer 1919 zum Ausdruck bringt:

> Eines Tages in den Quellen
> scheinbar ausgedorrter Bäche
> brodeln neue Lebenswellen,
> flutend an die Oberfläche.
> Aller Völker Hände greifen
> zueinander wie zum Beten, –
> und der Morgensonne Streifen
> übergolden den Planeten.[18]

---

17 Friedrich Wolf: Bilthoven. In: a.a O. S. 56.
18 Erich Mühsam: 1919. In: Brennende Erde. Verse eines Kämpfers. München 1920. S. 81.

Wolfram P. Kastner

Politische Kunst oder „gemeinschädliche Sachbeschädigung"

Aktuelle Fallbeispiele zum Verhältnis von Staat, Kunst und Gesellschaft

Brandfleck München zur Erinnerung an die Bücherverbrennung am 10. Mai 1933 (verboten, weil der Rasen von 1933 nicht mehr vorhanden sei und daher eine historische Situation nicht gegeben)

Ehrenkranz für die Waffen-SS auf
dem Salzburger Kommunalfriedhof,
der dort alljährlich am 1. November
in aller Öffentlichkeit angebracht wird.

Scherenschnitt am
Ehrenkranz für die
Waffen-SS in Salzburg;
strafrechtlich verfolgt von
deutschen Gerichten.
(Gegen die Urteile wegen
„Sachbeschädigung" habe
ich Verfassungsbe-
schwerde eingelegt.)

Aktion in Bayreuth gegen die hochsubventionierte Staatswagnerei „Schleift den Hügel"

„Gemeinschädliche Sachbeschädigung" für Georg Elser. Obwohl der Schriftzug nach zwei Stunden rückstandslos beseitigt war, wurde ich verurteilt, weil „die Aussehensveränderung belangreich" und der Stein „rein obtisch (!) besudelt" wäre.

Deutsche Seife für deutsche Politiker, damit sie sich die Hände in Unschuld waschen, Wähler einseifen und reine Westen waschen können (straffrei)

Aktion gegen das „Reichskonkordat", den einzigen Staatsvertrag der Nazi-Regierung, der bis heute gilt. Die Trennung von Kirche und Staat ist deshalb nicht voll-zogen. Die Aktion fand vor dem Besuch des Papstes Ratzinger 2006 in München statt. Der Staatsschutz suchte mit allen Mitteln, die Aktion zu verhindern. Vorwand dafür war angeblich „Beleidigung eines ausländischen Staatsoberhauptes, Missbrauch von Zeichen und unangemeldete Versammlung". Ein heiliges bayrisches Reichsgericht erließ einen Strafbefehl.

Ergänzung einer Tafel in Salzburg, auf der ein Zitat von Theodor Herzl sinnver-kehrend entstellt wurde zu Tourismuswerbung. Die Ergänzung wurde strafrecht-lich verfolgt, obwohl selbst der österreichische Bundespräsident die Ergänzung befürwortete, weil die internationale Presse aufmerksam wurde.

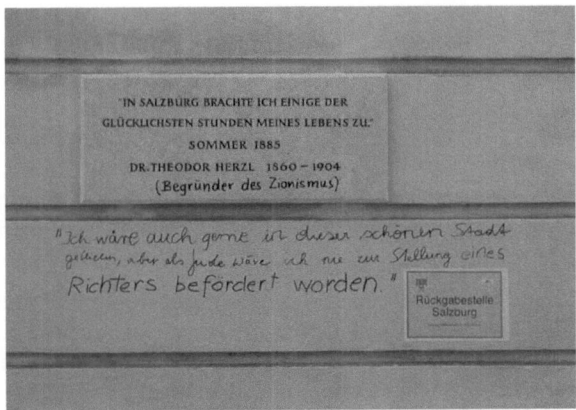

„Gemeinschädliche Sachbeschädigung" an einem Nazikultstein (für Albert Leo Schlageter, Bombenleger und Frühnazi und Märtyrer der alten und neuen Nazis) in Landsberg 2006. Auf eine Anzeige des SPD-Oberbürgermeisters und von vier Nazis erließ das Amtsgericht einen Strafbefehl über 2000,– €.

Denk(an)stoß straffrei – Landsberg denkt ...

In der Strafsache „Schlageterstein" gegen den Künstler Wolfram Kastner und die Journalisten Veronika und Claus-Peter Lieckfeld fällte das Amtsgericht Landsberg am 5.7.2007 bemerkenswerte Urteile. Richterin Grub stellte das Verfahren gegen Claus-Peter Lieckfeld und Wolfram Kastner nach Paragraph 153 STGO ein und sprach Veronika Lieckfeld frei; sie hatte lediglich fotografiert. Alle Strafbefehle wurden zurückgenommen.

C.-P. Lieckfeld und W. Kastner hatten den Schlageterstein in Landsberg (Schlagetersteine waren in Deutschland Kultorte nationalsozialistischer Propaganda) „im Sinne eines Denkanstoßes in Schieflage gebracht" und waren deshalb wegen „gemeinschädlicher Sachbeschädigung" angeklagt gewesen.

Bemerkenswert erscheint uns die Einlassung des Staatsanwaltes Kessler, der das Anliegen der Beklagten „grundsätzlich angebracht" und nur die Form „diskussionswürdig" fand. Der Staatsanwalt stellte keine Strafanträge.

Man hatte uns vor dem Prozess gewarnt, dass auf Amtsgerichtsebene sowohl Staatsanwälte als auch Richter dazu neigten, politisch/moralische Begründungen abzuschneiden und blindentschlossen formaljuristisch vorzugehen. Also: Keine Fragen wie „Ist ein Nazi-Kultstein ein Denkmal, das man ‚gemeinschädigen' kann oder nicht?" Man hatte uns gewarnt, dass wir mit keinen Gewichtungen von berechtigtem zivilem Ungehorsam einerseits versus städtischem Eigentumstitel an einem Stein andererseits rechnen könnten.

Das Verfahren erwies erfreulicherweise etwas anderes: Es wurde seitens des Gerichts ausdrücklich betont, dass die Einlassungen und Erklärungen von Kastner/Lieckfeld ein Bild ergeben hätten, das eine Bestrafung unverhältnismäßig hätte erscheinen lassen. Möglicherweise erwies sich auch der Hinweis von Kastner/Lieckfeld als prozessrelevant, dass Schlagetersteine nach Recht und Gesetz gleich nach Ende der Nazi-Dikatatur 1945 hätten „entsorgt" werden müssen und dass sich Landsberg damals durch vorsorgliches Vergraben des Steines aus der Affäre gezogen hatte. Anschließend war der Stein wieder aufgestellt und einzementiert worden.

Wir wünschen uns und hoffen, dass der Rat der Stadt Landsberg die Überlegungen, wie nun mit dem Stein zu verfahren sei, in eine gute Richtung voranbringt. Derzeit befindet er sich zwischengelagert im Bauhof der Stadt.

Unser Vorschlag, den Stein in Schieflage mit einer kurzen Erklärung (insbesondere über den Gewaltmythos Schlageter) zu einem Mahnmal umzugestalten, erscheint uns nach wie vor als eine sinnvolle Lösung.

Wenn es erwünscht ist, werden wir uns – wie dem Herrn Oberbürgermeister schon vor etlichen Monaten angeboten – an Formulierungs- und Gestaltungsvorschlägen gern beteiligen.

Wir würden es außerdem begrüßen, wenn auch an den anderen Standorten von Schlagetersteinen straffreie Denkanstöße gegeben wurden.

Wolfram P. Kastner   Claus-Peter Lieckfeld

SehStörungen – Kunst als Mittel der Aufklärung.

Kunst macht sichtbar, was man sonst nicht sieht.
Kunst schlägt nicht, sticht nicht, haut nicht zu und schießt nicht.
Waffen sind für Mord und Jagd, Verletzung und Totschlag konstruiert.
Waffenträger fühlen sich überlegen und stark und sind bereit zu verwunden.
Ich verstehe Kunst nicht als Waffe, sondern als Angebot zu sehen.
Als Einladung und Anlass, die eigene Wahrnehmung zu überprüfen und
hinter die glanzvollen Fassaden zu blicken.

Mich interessiert nicht die Ausschmückung von Bankfoyers und die Herstellung
von Zierleisten
für staatlich und wirtschaftlich organisierten Raub, Mord, Verdummung und
Entmündigung.

Kunst kann helfen, hinter die Kulissen zu sehen und als öffentliche
Intervention sichtbar zu machen,
wie die Teilnehmer der sozialen Veranstaltung sich verhalten.

Kunst kann die Wirklichkeit bis zur Kenntlichkeit entstellen,
also von verhüllender Tünche befreien.

Kunst ist für mich ein Instrument der Forschung, der Veränderung der
Wahrnehmung
und der Aufklärung.

Kunst kann nicht die Wirklichkeit als Ganzes verändern,
aber sie kann die Wahrnehmung klären und Einsicht vermitteln und damit
beitragen
zu einer Veränderung der Wirklichkeit.

Entscheidend ist die Zielsetzung und Orientierung:
aufdecken statt zudecken, sichtbar machen statt übermalen.

In meinen künstlerischen Projekten suche ich den Dialog,
nicht vor allem mit den Kunstsinnigen, die allemal wissen,
dass es nur Kunst ist und daher nicht ernst zu nehmen.
Kunst im Museum ist ohnehin schon mundtot gemacht.
Dort aber, wo sie nicht „hingehört" und wo sie nicht erwartet wird,
da bewirkt sie Dialoge, Nachdenklichkeit und mancherlei überraschende
und äußerst lehrreiche Reaktionen.

Werner Seppmann

Rituale der Unterwerfung

Kunst und Gesellschaft heute

1

Befragt man die Akteure des herrschenden Kunstbetriebs nach ihrem Selbstverständnis, dominieren immer noch „avantgardistische" Distanzierungsgesten und weitreichende Relevanzansprüche. Fraglich ist jedoch, ob Programm und Wirklichkeit auch nur annähernd übereinstimmen. Denn was in den offiziösen Präsentationen der Gegenwartskunst in der Regel gezeigt wird, entstammt fast ausnahmslos dem Arsenal einer Kunstszene, die von Neuauflagen tradierter Stile, von Kombinationen aus Neo-Dadaismus, Neo-Konstruktivismus und Neo-Expressionismus lebt, der jede kritische Substanz und subtile Inhaltlichkeit fehlt, der vor allem jedoch jeder Veränderungswille abhanden gekommen scheint. Trotz eines demonstrativen Innovationsanspruchs dreht sich der Modernismus im Kreis; Ritualisierung und ein vordergründiger „Konstruktivismus", mit der Tendenz zur Banalisierung, hat schöpferische Gestaltung weitgehend verdrängt: Die Sprache der Abstraktion und des Symbolismus ist den Erfordernissen des Designs und der Markenartikel-Logik angepasst worden.

Harte, vielleicht unangemessene Worte? Wohl kaum, wie ein Blick auf repräsentative Werke von Künstlern deutlich werden lässt, die einer Teilnahme an der Kasseler Dokumenta 07 für würdig erachtet wurden und die trotz einer bescheidenen Gestaltungsbreite für ihre Werke hochtrabende Bedeutungsgehalte reklamieren: Durch ein rustikales Holzbrett, auf dem einige Farbtupfer verteilt sind, will der Prager Künstler Kovanda auf „alles Flüchtige" verweisen und die „Schwelle zwischen Kunst und Alltag markieren". Der französische „Aktionskünstler" Afif stellt E-Gitarren neben Verstärker, um das „Verhältnis zwischen Musik, Sprache und Raum" zu thematisieren. Beim chinesischen Künstler Lu Hao soll die „rasante Modernisierung seiner Heimatstadt" Peking durch eine in Plexiglas gestaltete Große Volkshalle, die sich als Blumenvase verwenden lässt, dokumentiert werden. In „reduzierter, konzentrierter Form" will Gerwald Rockenschaub auf „Ideen der Moderne und der Popkultur" anspielen, beispielsweise durch einen aufgeblasenen, großformatigen gelben Würfel aus Plastikfolie. Mehrere an die Wand gelehnte, farbige und auf Hochglanz polierte Sperrholz- und Fieberglas-Paneele sollen nach Aussage ihres Schöpfers John McCracken „idealerweise das Ephemerste alles Abstrakten spiegeln, den reinen Gedanken". Großformatige Stoffkollagen von Abdoulaye Konaté, die wirken, als ob sie einen Blick in einen Altkleider-Container gewähren würden, sollen „aktuelle

Probleme wie die Aids-Epidemie oder Dürrekatastrophen in der Sahelzone" thematisieren.

Profilierter Widerspruch gegen eine solche Ästhetik der Trivialisierung und Bedeutungslosigkeit, die der Halbwelt des Kunstmarktes sich anzupassen bemüht ist und der Geschichte den Rücken zugekehrt hat, ist selten geworden, weil auch die progressiven Restkulturen es verlernt haben, sich mit der Kunst als einer spezifischen Form der Realitätsaneignung und Weltinterpretation auseinanderzusetzen. Meist kampflos werden dadurch wichtige ideologische Bastionen den Vertretern des kultur-bürokratischen Komplexes überlassen. Es wäre schon viel erreicht, wenn kritische Stimmen sich wieder Verhör schaffen würden, die in kulturellen Diskussionen wenigstens einige der sich aufdrängenden Fragen stellen würden: Wem nützt die Privilegierung der ausgestellten Kunst? Kann das zur Schau Gestellte (wie regelmäßig behauptet wird) als eine repräsentative Auswahl des künstlerischen Schaffens unserer Zeit angesehen werden? Kann die Kasseler Dokumenta berechtigterweise den Anspruch erheben, eine „Weltkunstschau" zu sein? Mit welchen sozio-kulturellen Präferenzen korrespondieren diese Kunstinszenierungen?

Die Beschäftigung mit solchen Fragestellungen wäre eine unabdingbare Voraussetzung, um den offiziösen Kunst-Großereignissen, die eine maßgebliche Rolle bei der Durchsetzung eines ästhetischen – und in seiner Folge weltanschaulichen – Konformismus spielen, produktiv in die Quere kommen zu können. Zwar positionieren sich, wie zu sehen war, die künstlerischen Protagonisten, ihre Manager und „Interpreten" in einem geradezu entgegengesetzten, nonkonformistischen Sinne. Sie reden von einem grenzenlosen Innovationsstreben ebenso wie vom Anspruch eines kritischen Blicks auf die sozio-kulturellen Zustandsformen. Jedoch kommt es in der Kunst „auf das Ergebnis und nicht auf die Absichten an" (Georg Lukács). Und dieses Ergebnis ist, wie schon an den wenigen angeführten Beispielen deutlich geworden sein dürfte, formale Erstarrung sowie die Ritualisierung und Wiederholung des irgendwie schon Dagewesenen. Grundsätzlich ist es fraglich, ob die (zunehmend wieder reklamierten und formelhaft vorgetragenen) inhaltlichen Ansprüche mit den eingesetzten ästhetischen Mitteln überhaupt eingelöst werden können: Monochrome Flächen sollen neue Seherfahrungen provozieren und ungewohnt arrangierte Gegenstände unser Realitätsbild „ver- und entrücken". Um das Publikum „zu irritieren", werden die Museumsräume leer geräumt, um – so, wie in Basel geschehen – ein in die Wand gestemmtes Loch (wohl als Ausdruck eines ungebändigten künstlerischen Ausdruckswillens) ungestört zur Geltung bringen zu können. Ein frittierter Spielzeugpanzer aus Plastik des Chinesen Zheng Guogo, der auf der Dokumenta 2007 zu bewundern war, soll als „Kritik an der Massenproduktion des Superbilligen" verstanden werden.

Eigentlich müsste sich solch ästhetisch kaschierter Dilettantismus ja von selbst entlarven. Aber immer noch gelingt es der Kunst-Bürokratie und einer Heerschar willfähriger „Kunstinterpreten", den Eindruck zu erwecken, dass solche Inszenierungen eine „intensive" Form sozio-kultureller Selbstvergewisserung wären. Aber ist das auch nur ansatzweise der Fall? Findet – auch gerade dort, wo sie thematisiert werden – eine hinreichende Auseinandersetzung mit den Problemen unserer Epoche statt? Wo wird das Leid der Arbeitslosen, der Verfall ihrer Persönlichkeitsstruktur und die Erosion ihrer emotionalen Widerstandskraft (künstlerisch gestaltend) zu den gesellschaftlichen Zwangsmechanismen in Beziehung gesetzt, durch die sie verursacht werden? Wo werden Krieg und der globale Interventionismus als Ausdruck eines Vergesellschaftungssystems deutlich, dem die Expansions- und Ausgrenzungstendenzen Funktionsbedingungen sind? Hat die (westlich-offiziöse) Gegenwartskunst in den letzten Jahren ein Bild hervorgebracht, das mit der Aussagekraft des „Gesichts der herrschenden Klasse" von Georges Grosz vergleichbar wäre? Wird überhaupt die Frage nach den gesellschaftlichen Machtverhältnissen auf konkret-instruktive Weise thematisiert? Wird in relevanter Weise das Verhältnis von Herrschern und Beherrschten dargestellt? Und wo findet (trotz aller Phraseologie einer „Versöhnung von Kunst und Leben") eine Beschäftigung mit den Problemen der unteren Volksschichten statt?

Ein großer Teil der künstlerischen Aktivisten, die in den offiziösen Ausstellungsprojekten Berücksichtigung finden, ist zwar eifrig bemüht, ihr Tun als ein kritisches darzustellen, jedoch halten sie meist dem entfremdeten Alltag nur sein unreflektiertes Spiegelbild vor: Eine problematische Wirklichkeit wird „verdoppelt", der Erfahrung einer entfremdeten Welt das Bild der Entfremdung gegenüber gestellt. Dem Publikum wird durch diesen Darstellungsmodus signalisiert, dass die Welt eben so ist, wie sie ist! Weil eine kritische Durchdringung der thematisierten Problemkomplexe nicht stattfindet, wird die ideologische Täuschung einer „Alternativlosigkeit" der herrschenden Zustände verfestigt.

Zwar existieren ästhetische Versuche mit widerständigem Charakter, die jedoch in den namhaften Ausstellungstempeln keinen Platz finden. Die Stelle des Verdrängten nehmen konstatierende Arrangements ein (die selbstredend auch die Folter-Gefängnisse des US-Imperialismus oder die Lügen bei der propagandistischen Vorbereitung des Irak-Krieges zur Sprache bringen!), die jedoch nicht mehr aussagen und dokumentieren, als jedem schon bekannt ist.

Immerhin: Auf der Biennale 2007 wurde dokumentiert, dass sich die Welt in einem kriegerischen Ausnahmezustand befindet und die diversen Feldzüge Opfer kosten: Zu sehen war ein Portrait-Puzzle von im Irak getöteten US-amerikanischen Soldaten; auch die Folter-Opfer aus Abu Graib, kombiniert mit Höllenbilder alter Meister, wurden thematisiert. Es wurde jedoch nicht deutlich, dass diese Kriege geführt werden, weil die imperialistischen Eliten die Inszenierung des Ausnahmezustandes zur Perpetuierung ihrer Herrschaft benötigen. Vor allem:

> Ein Kunstwerk, das nur auf Betroffenheit zielt, auf Angst, Ekel oder politischer Belehrung, produziert zwangsläufig eine Art Negativkitsch. Es verordnet Emotionen, der Betrachter hat den Betroffenen und Aufgewühlten zu geben. Für dessen Selbst bleibt in dieser Inszenierung kaum noch Raum, alles ist festgelegt auf ein vorhersehbares Schema aus Reiz und Reaktion. So reagiert er im Zweifel gar nicht oder entweicht in Gleichgültigkeit. Die Welt ist ja eh verdüstert, verderbt, verloren. (Hanno Rauterberg)

Von den Besuchern in Venedig wurde berichtet, dass sie weniger betroffen waren, sondern sich in der Pose des abgeklärten Weltbürgers gefielen und der „Parcours des Schreckens" eine Zwischenstation zum nächsten Party-Termin war. Die Feststimmung wurde auch nicht durch die Mauerruine einer kongolesischen Künstlerin auf der Dokumenta XII gestört, die mit anklagenden Zeitungsberichten (u. a. über das Elend in Afrika) beklebt waren.

Die meisten Hervorbringungen solcher „Programmkunst" sind jedoch harmloser im thematischen Zugriff und gleichgültiger gegenüber den thematisierten Problemen. Ein typisches Beispiel war die angebliche Beschäftigung „mit den globalen Flüchtlingsströmen" auf der Biennale 2001 in Venedig durch die Zur-Schau-Stellung farbiger Menschen mit weiß gefärbten Haaren. Es ist leicht nachvollziehbar, dass – wie der *Spiegel* registrierte – die „Besucher [sich] ein wenig vor den Kopf" gestoßen fühlen durch „solche listigen Attacken auf das Gesellschaftsgefüge". Dem wollte auch die Dokumenta XII auf ihren „Frequenzen der Welt- und Gesellschaftskritik" (von denen ebenfalls der *Spiegel* schrieb) nicht nachstehen und ließ 1001 Menschen aus China einfliegen, denen ebenso viele antike chinesische Stühle zugeordnet wurden.

Dies sind keineswegs singuläre Beispiele der Grenzüberschreitung des Dilletantismus zum *Zynismus*. Er hat die Ironie als subtiles Ausdrucksmittel (gerade auch klassisch-bürgerlicher Kunst) fast weitgehend verdrängt. Um internationalen Ruhm zu erlangen, reicht es im Gravitationsfeld der Event-Kunst aus, Museumsbesucher in eine „Skulptur" zu verwandeln. Der „One-Minute-Sculpteur" Erwin Wurm steckt zu seinem künstlerischen Zweck einem Mann einen Spargel in die Nase und klemmt einer Frau eine Banane unter den Arm. Um die Vermarktungsfähigkeit dieser ästhetischen „Ereignisse" sicherzustellen, werden sie fotografiert. Es wäre ein eigenes Thema darzustellen, dass „Konzept-Künstler" dieses Kalibers zu Unternehmern mutiert sind, die nach dem Vorbild ihrer Kundschaft (einer Unterhaltung suchenden „Urbanen Elite", wie es ein Kunst-Manager ausdrückte) durch die Welt jetten, „Konzepte" entwickeln und diese dann von ihren Mitarbeitern umsetzen lassen. Von dem Österreicher Wurm, der hauptsächlich darum bemüht ist, die Welt in einer „ver-rückten" Unmittelbarkeit zu präsentieren, wird übrigens berichtet, dass sein mittelständisches Unternehmen zwei Dutzend Lohnempfänger beschäftigt.

Von solcher „Programmkunst" wird am allerwenigsten in Rechnung gestellt, „dass Kunst eine eigene Realität ist und nicht eine platte Widerspiegelung des wirklichen Lebens sein kann, dass sie ihre eigene Spezifik hat, aber immer eingebunden ist in die jeweiligen gesellschaftlichen Verhältnisse" (Willi Sitte). Kunst, die ihren Namen verdient, ist ein Moment der Wirklichkeitsvergewisserung inhärent. Ihre irreversible Eigenschaft ist das Bemühen um Selbstverständigung im Modus der Weltinterpretation, „Wirklichkeitsaneignung und Wirklichkeitsbewältigung durch materielle und geistig-seelische Aktion" (Irma Emmrich).

2

Während es vor Jahr und Tag noch produktive Auseinandersetzungen um die Kunst, ihre Möglichkeiten und Grenzen gab, herrscht heute weitgehend Sprachlosigkeit über das Dargebotene. Wie es dazu gekommen ist, ist eine lange Geschichte. Es ist eine Geschichte der institutionellen Durchsetzung eines ästhetischen Minimalismus und der Privilegierung einer Kunst, die auch dann, wenn sie inhaltliche Dimensionen reklamiert, das sozio-kulturelle Erinnern ebenso wie das Begreifen von Zusammenhängen verhindert. Denn mit dem gemanagten Durchsetzungsprozess der abstrakten Kunst „wurden zunehmend auch die humanen Inhalte aus der spätbürgerlichen Kunst verdrängt" (Wolfgang Hütt).

In komprimierter Gestalt traten die Selektions- und Manipulationspraktiken, die der Formierung des Kunstbetriebes im Sinne der Abstraktion und des expressiven Subjektivismus seit den 50er Jahren zugrunde lagen, 2004 bei der Berliner Ausstellung aus den Beständen des Museum of Modern Art noch einmal zutage. Es war eine opulente, aber in einem doppeldeutigen Sinne auch repräsentative Schau. Zunächst einmal schien ein großer Teil der präsentierten Objekte für sich selbst zu sprechen. Als zentrale Belegstücke der klassischen Moderne faszinierten sie die Besucher. Imponierende, meisterhafte (wenn auch manchmal in der Konzentration zu kulinarische) Bilder zuhauf. In großer Auswahl wurden wichtige Etappen der künstlerischen Sicht auf die Welt seit dem späten 19. bis in die Mitte des 20. Jahrhunderts repräsentiert. Das MOMA sparte kein Meisterwerk aus seinen umfangreichen Magazinen aus, um seinen Anspruch zu demonstrieren, das weltweit wichtigste Museum der klassischen Moderne zu sein.

Überwältigt von einer Fülle eindrucksvoller Kunstwerke von Picasso und Matisse, von van Gogh, Cézanne und Rousseau haben wohl die wenigsten Besucher bemerkt, dass diese Präsentation einen bestimmten Zweck verfolgte. Denn das Anschauungsmaterial, von dem die größte Faszination ausging und das im Mittelpunkt des Besucherinteresses stand, wurde nur als Vorstufe auf dem Weg zum „abstrakten Impressionismus" US-amerikanischer Provenienz präsentiert. Es ging der Ausstellung „nicht nur ums Präsentieren, sondern ebenso ums Verstecken und um das Verschweigen. [...] Das, was dem Besucher vorenthalten wird, soll dem, was zu sehen ist, eine zusätzliche Bedeutung sichern" (Werner Spies). Pollok und De Koning werden als Vollender einer Entwicklung dargestellt, die mit Van Gogh und Picasso begonnen hatte. Die Berliner Ausstellung blieb damit einer Inszenierungspraxis und einem Hegemonieanspruch treu, die das Museum of Modern Art seit seinen Anfängen charakterisierte: Die abstrakte Malerei und der ästhetische Minimalismus wurden als Ausdruck einer „freiheitlichen" Kultur und gleichzeitig als Gipfelpunkt der Kunstgeschichte inszeniert. Und es wurde nach dem 2. Weltkrieg auch alles unternommen, um dieser ästhetischen Doktrin weltweit Geltung zu verschaffen.

Es ist heute aufgrund der Forschungslage (und umfassender „Geständnisse" wichtiger Manipulationsakteure) möglich, die Durchsetzungsstrategien dieser ästhetischen Ideologie seit den 50er Jahren als eine Art kulturellen Marshall-Plan zu rekonstruieren. Von dem US-amerikanischen „Management der Moderne" (wie Wolfgang Hütt sie genannt hat) wurden Stipendien gewährt, Ausstellungen in Übersee organisiert und administrative Hilfe der verschiedensten Art gewährt. Auch der CIA, das sei nur am Rande erwähnt, war an zentraler Stelle ebenso mit von der Partie wie ein „Kulturkreis der deutschen Industrie". Ausstellungs-Großereignisse wie die Dokumenta in Kassel oder die Biennale in Venedig fungierten in Europa als Instrumente zur Durchsetzung des Dogmas, dass nur die „informelle" und abstrakte Kunst einer „freien Gesellschaft" würdig wären.

In der Bundesrepublik entstand in diesen frühen Jahren ein kultur-bürokratischer Komplex, der den „Siegeszug" der abstrakten „Moderne" als Einbahnstraße organisierte. Der maßgeblich daran beteiligte Kunsthistoriker Werner Haftmann bestätigt das mit einem Ausdruck selbstgefälliger Zufriedenheit: „Die Auftragserteilung der öffentlichen Hand, der städtischen Verbände und der internationalen Organisationen ergeht in Einhelligkeit an die Vertreter der modernen Kunst." Diese Praktiken hatten ihren nachdrücklichen Anteil daran, „dass ein allseitiger Ausbau des noch in den Nachkriegsjahren vorhandenen Spektrums künstlerischer Aktivitäten verhindert" wurde, wie H. Kimpel in seiner Geschichte der Kasseler Dokumenta schreibt. Auf der Strecke blieben hauptsächlich Maler und stilistische Ausdrucksformen, die schon von den faschistischen Kampagnen gegen eine „entartete Kunst" stigmatisiert worden waren. Auf den Altar des abstrakten Modernismus wurden insbesondere die expressiven Realisten geopfert, die mit ihrer Malerei der dekadenten bürgerlichen Gesellschaft ihren Spiegel vorhielten – denn exakt diese bekamen im restaurativen Teil Nachkriegsdeutschlands kaum eine Entfaltungschance. An vielen Beispielen ist zu belegen, dass mit administrativer Macht ausgegrenzt und weltanschaulich tabuisiert wurde, wer sich dem Schema weltverlorener Abstraktion, subjektivistischer Symbolik oder ästhetisierender Beliebigkeit und Belanglosigkeit nicht fügen wollte.

Nicht zufällig waren in diesen Jahren eine Anzahl von ästhetischen „Experten" mit von der Partie, die auch schon den Nazis zu Diensten waren: Sie besaßen ein feines Gespür dafür, was *nun* opportun war. Da unterschied sich der Komplex kultureller Schaustellerei und ästhetischer Normensetzung kaum vom Staatsapparat, der Justiz, den Schulen oder den Universitäten.

Die Kulturbürokratie bestimmte jedoch nicht nur, was gezeigt wurde (und wird), sondern mit größerer Wirkung noch, was nicht als ausstellungswürdig zu gelten habe und deshalb ausgegrenzt bleibt. Das rigide definierte Spektrum „legitimer" Kunst blieb und bleibt auf das künstlerische Schaffen nicht ohne Einfluss. Zwar gab es immer Künstler und Künstlerinnen, die sich dem Anpassungsdruck entzogen. Aber ihre Kunst existiert *offiziell* nicht und muss mit einer Nischenexistenz vorliebnehmen.

3

Momentan befinden wir uns in der Endphase einer Entwicklung, in der die von einer Allianz aus kapitalistischen Kunstsammlern und Kunsthandel, Museumsbürokratie und einer eilfertigen „Kunstkritik" durchgesetzten Präferenzen unbedingte Geltungskraft beanspruchen können. Durchaus im Sinne der neoliberalistischen Ideologie wird durch eine auf den öffentlichen Kunstraum zielende Privatisierungsoffensive die machtadäquate Instrumentalisierung der Kunstvermittlung auf die Spitze getrieben: Eine neue Form des Mäzenatentums dient als trojanisches Pferd, um neben den öffentlichen Gütern wie das Wasser und die Bildung auch die Kunstselektion und -präsentation unter privatkapitalistische Kontrolle zu bringen. Angesichts ausgeraubter öffentlicher Kassen bieten vermögende Sammler den öffentlichen Institutionen ihre Kunstwerke unter meist rigiden Bedingungen an. Im Vordergrund steht regelmäßig ein Monopolanspruch. Sie fordern für ihre Sammlungen eine Präsentationsform, die für andere ästhetische Konzepte und Sichtweisen keinen Platz mehr lässt. Sie verstärken die Tendenz, historische Kunst aus den Museen zu vertreiben und gegen das Erinnern einen Schutzwall aufzubauen. Ganze Objektgruppen mit historischen Bezügen müssen für eine meist unstrukturierte Präsentation des Aktuellen Platz machen. Eine Vermittlung von kultureller Vergangenheit, Gegenwart und Zukunft findet nicht statt. Wird einmal der Versuch unternommen, verliert er sich (fast) immer im Banalen. So war es 2007 wieder im Münsteraner Skulpturen-Sommer zu erleben, wo die „Vereinigung von Geschichte und Gegenwart" programmatische Absicht des belgischen Künstler Bijl war, die er durch die Nachbildung eines archäologischen Ausgrabungsareals, aus dem eine Kirchturmspitze herausragte, vorantreiben wollte.

Künstler, die sich mit der Bedeutung des Vergangenen für die Gegenwart auseinandersetzen, werden bestenfalls isoliert (meist in kleineren Museen) präsentiert. In den „repräsentativen" Gesamt- und „Übersichtsschauen" werden die

Heises und Tübkes, bei denen auf höchstem malerischen Niveau die Erinnerungsarbeit mit einer Zukunftsperspektive verbunden wird, meist „vergessen". Es ist auch kein Zufall, dass ein Bildhauer von epochalem Rang wie Alfred Hrdlicka in der Dokumenta-Geschichte nicht auftaucht. In dieser bürokratischen Praxis materialisiert sich das Verschweigen als eine wirkungsvolle ideologische Macht. Mit der Verdrängung der Vergangenheit verschwindet auch die Durchsetzungsgeschichte eines abstrakten und weltabgewandten Modernismus im Nebel seiner Lebenslügen; sie wird von die tatsächlichen Zusammenhänge verzerrenden Stereotypen überlagert.

Die Strategien des Verschweigens durch selektive „Thematisierung" sind auch der eigentliche Skandal bei der Platzierung der Flick-Sammlung in Berlin, über die zwar eine aufgeregte Diskussion stattfand, die aber präzise am Kern der Sache vorbeiging. Denn die Kernproblematik dieses „Geschenks" wurde überhaupt nicht thematisiert. Im Vordergrund der Debatten stand die Herkunft des Flickschen Vermögens. Zweifellos ist es nicht unwichtig, daran zu erinnern, dass großes Kapital nicht selten seinen Ursprung in Verbrechen planetarischen Ausmaßes hat. Im Falle Flicks resultiert das Vermögen auch aus den exorbitanten Gewinnen der Waffenproduktion und den Erträgen der Sklavenarbeit von KZ-Häftlingen. Aber das ist bei der Kunstsammlung des Enkels des Sklavenhalters Flick Senior nicht das vordringliche Problem. Viel wichtiger wäre die Diskussion über die Inhalte dieser Kunst gewesen und die Auswahlkriterien der Sammlung – und die hat eben nicht stattgefunden!

Prägend für die Flick-Sammlung ist das Übergewicht einer harmlosen Design- und Objektkunst, aber auch ihr Block einer vordergründigen, von den thematisierten Problemen ablenkenden „Programm-Kunst". Flick behauptet jedoch das Gegenteil: Die meisten Künstler, die er sammele, seien nach seinen Worten „intensiv" und „radikal"! Schauen wir uns diesen Anspruch einmal näher an. Zum Beweis seiner Behauptung verweist Flick in einem Pressegespräch auf ein Objekt, in dem diese Radikalität zum Ausdruck kommen soll. Und zwar auf eine Installation von Bruce Nauman – bei der sich gewissermaßen der Kreis schließt: „Bruce Nauman", erläutert Flick, „hat sich auf eine sehr eigene Art mit der Absurdität des Krieges beschäftigt. Da gibt es die hintersinnige Arbeit namens ‚Five Marching Men', sie besteht aus Neonröhren und zeigt marschierende Männer. Jedes Mal, wenn diese Gestalten ihren Arm zum Gruß heben, hebt sich auch ihr Penis. Wie lässt sich besser veranschaulichen, welche kopflose, blinde Erregungsmacht hinter der kriegerischen Gewalt steht."

Der Sammler Flick, dessen Vermögen wie erwähnt mit dem Blut des 2. Weltkriegs und der geschundenen Sklavenarbeiter (die sein Großvater im unmittelbaren Wortsinne bis zu ihrem Tod ausgebeutet hat) getränkt ist, verweist nicht ohne Hintersinn auf eine Installation, die den Krieg in einer Form thematisiert, die den Kriegsgewinnern nicht weh tut. Solche ästhetisierenden Arrangements wie

Naumans „Marschierende Männer", entziehen sich einer in die Tiefe gehenden Problembehandlung und „kultivieren" das Schweigen über die fundamentalen Sachverhalte. Ihnen dient das „Politische" und die „Kritik" nur als Vorwand. Sie gehen systematisch der Thematisierung von Interessenkonstellationen und Herrschaftsverhältnissen aus dem Weg. Verdenken können wir es den Flicks dieser Welt nicht, dass sie auf diese harmlos-dilettantische Weise von den Determinanten ihrer eigenen Existenz abzulenken versuchen. Besorgniserregend jedoch ist, wie leicht ihnen dieses legitimatorische Geschäft gemacht wird.

Dass es sich bei diesen Formen der Realitätsverweigerung durch künstlerische Gestaltung nicht um irgendwelche „Nebenkriegsschauplätze" handelt, ist auch bei der Diskussion um das Berliner Holocaust-Denkmal deutlich geworden. Denn es war ebenfalls das Bemühen offensichtlich, das Vergessen zu institutionalisieren und von konkreter Verantwortung abzulenken. Seine herrschaftskonforme Funktionalität wird jedoch nicht durch die ästhetische Formgebung gewährleistet, sondern das Arrangement wirkt im Sinne hegemonialer Strategien der „Vergangenheitsbewältigung", weil es überhaupt nichts thematisiert, selbst naheliegenden Fragen sich verweigert: Es bezieht Position durch seine Ausdruckslosigkeit, die verhindert, dass ein Nach- und Hinterfragen dem Besucher der Gedenkstätte auch nur in den Sinn kommt. Im unmittelbaren Wortsinne wurde das Wissen um den Faschismus und die realen Ursachen der Massenvernichtung durch ein Meer ausdrucksloser (übrigens auch formal-ästhetisch wenig überzeugender) Steinquader zugebaut.

Gäbe es eine funktionierende Gegenkultur, müsste sie zwingend thematisieren, ob es wirklich stimmt, dass eine gestaltende Beschäftigung mit den monströsen Verbrechen des Faschismus nicht möglich ist! Und sie müsste natürlich die Frage aufwerfen, wer ein konkretes Interesse an diesem inszenierten Schweigen hat. „Es müsste zwingend thematisiert werden", ist natürlich leicht gesagt. Solchen Fragestellungen wirksam Gehör verschaffen zu können, scheint angesichts gegenwärtiger Hegemonialstrukturen kaum möglich zu sein. Jedoch sollte eine realistische Einschätzung des beschränkten Einflusses der Kräfte einer alternativen Kultur nicht zur falschen Bescheidenheit führen. Denn prinzipiell kann demonstriert werden, wie schamlos mittlerweile ästhetische Formen zur Verharmlosung einer globalen Widerspruchsentwicklung eingesetzt werden: Mit dem aus alten Benzinkanistern gebildete Umriss eines Schiffes will der aus Benin stammende Romuald Hazoumé den „alten und neuen Sklaven" ein Denkmal setzen. Das ist nicht weit entfernt von der auf einer früheren Dokumenta zitierten Aktion zerschlagener Fenster eines Matta-Clarks, der mit diesem gewaltigen Akt „das Slumproblem dem Establishment vor die Füße schleudern" wollte.

4

Nicht nur bei der theoretischen Durchdringung des kultur-bürokratischen Komplexes ist die Linke auch in der Bundesrepublik schon einmal weiter gewesen: Ihre Aktivitäten waren vermittelt zu einer nicht zu übersehenden Kunst und Kultur der Selbstbestimmung und des Widerstands. Es existiert ein umfangreiches künstlerisches und kritisch-theoretisches Erbe, das der Aneignung harrt. Und um wieder festen Boden unter den Füßen zu gewinnen, wäre es hilfreich, an das Verschüttete wieder zu erinnern und es auszugraben. Denn solche Erinnerungsarbeit ist Voraussetzung, um den Kampf um die Wiederaneignung der öffentlichen Räume als Ort ästhetischer Präsens und demokratischer Artikulation überhaupt aufnehmen zu können.

Um in diesen Auseinandersetzungen bestehen zu können, ist jedoch die Entwicklung von Maßstäben für die Beurteilung von Kunst und kulturellen Aktivitäten unabdingbare Voraussetzung. Um den üblichen Missverständnissen vorzubeugen, sei vorweg betont, dass eine solche ästhetische Propädeutik nichts mit Reglementierung zu tun hat: Der Gefahr der Bevormundung wird gerade dadurch vorgebaut, dass überhaupt Qualitätskriterien thematisiert, ein Beurteilungshorizont formuliert und diskutiert wird. Zu reden ist deshalb von einer *selbstreflexiven Ästhetik*, weil sie die Referenzpunkte und Prämissen des eigenen Urteils offenlegt. Dieses Vorgehen markiert einen grundlegenden Unterschied zur herrschenden kunst-bürokratischen Praxis, die ja gerade deshalb eine Tendenz zum Totalitären besitzt, weil sie einerseits behauptet, dass es objektivierbare Kriterien nicht mehr geben könne, sie aber gleichzeitig darüber entscheidet, was „Qualität" besitzt und als legitime oder illegitime Kunst zu gelten habe.

Aber Vorsicht ist in diesen Dingen natürlich geboten. Denn zweifellos ist manches Kunst-Urteil in der Vergangenheit zu schnell gesprochen worden, hat es auch mit progressiver Begründung unproduktive Ignoranz gegeben: Dass bis in die späten 70er Jahre der Jahrhundertkünstler und Kommunist Picasso in den DDR-Museen abwesend war, muss als blamabler und indiskutabler Zustand gewertet werden. Es muss auch bewusst bleiben, dass es in den kulturellen Fragen keine fertigen Antworten geben kann. Nur selten ist es möglich, die Aussage eines Kunstwerkes auf *einen* Punkt zu fixieren, weil es in der Regel über mehrere Bedeutungs- und Wirkungsebenen verfügt. Daraus ist jedoch nicht, wie postmodernistische Theorien behaupten, auf die Grenzenlosigkeit seines Sinnhorizonts zu schließen. Mehrdeutigkeit impliziert nicht, wie der „Meisterdenker" Derrida diskreditiert, dass „dem bezeichneten Sinn kein Aufschub und keine Ruhe" zugestanden werden kann, sondern verlangt, den Werkimplikationen konkret nachzugehen.

Um nicht der modephilosophischen Entgrenzung des Inhalts zu verfallen, kann eine kritische Theorie der Künste auf die Werkkategorie nicht verzichten: Dem Kunstwerk ist als vielschichtigem, aber *objektivierbaren* Gegenstand zu begegnen. Es kann von verschiedenen Seiten, von unterschiedlichen Standpunkten und mit unterschiedlichen Intentionen betrachtet werden. Dadurch verschieben sich einige Bedeutungsebenen, überlagern oder neutralisieren sich auch. Gehalt und Bedeutung verflüchtigen sich jedoch nicht. Durch die relationale Beziehung zwischen Betrachter (der die „dynamische" Seite dieser Beziehung bildet) und Kunstobjekt lösen sich dessen Strukturen nicht auf. Picasso hat nicht Unrecht mit der Feststellung, dass ein Bild durch den Betrachter Leben erhält und sich mit ihm wandelt; sinnvoll kann des jedoch nur innerhalb eines strukturellen, durch das Werk definierten Kontextes geschehen. Die Deutung kann die Bedeutung erweitern oder auch ignorieren, sie jedoch nicht suspendieren. Sie gründet sich auf Qualitäten und Möglichkeiten des Kunstwerks, die auch präsent bleiben, wenn sie nicht thematisiert werden. Die Objektivierbarkeit des Kunstwerks ist als Voraussetzung seiner subjektiven „Aneignung" zu begreifen: Der Rezeptionszusammenhang hat zwar einen eigenständigen Stellenwert, funktioniert nach eigenen und differierenden Regeln, suspendiert jedoch nicht die Eigenbedeutung des Kunstwerks. Erst ihr „beharrender" Charakter in diesem Sinne ermöglicht die Auseinandersetzung mit der Kunst im Modus verständiger Kritik.

Geltungsanspruch und Kritik sind bei ästhetischen Hervorbringungen funktional und irreversibel aufeinander bezogen. Kunstwerke sind Interpretationsvorschläge, eine gestaltete Sicht auf die Welt, der eine Botschaft inhärent ist, die von der Stellungnahme, auch dem Widerspruch lebt. Ernsthafte ästhetische Auseinandersetzungen schließen den Verweis auf Defizite ein, wenn das Dargebotene seinen Selbstansprüchen nicht genügt, ihm zugerechnete Inhalte beispielsweise in keiner nachvollziehbaren Beziehung zur Formensprache stehen und die äußere Aktion nicht mit einem „inneren" Strukturgefüge korrespondiert.

5

In der Praxis des kulturbürokratischen Komplexes werden solche Defizite durch interpretatorische Stereotypen überspielt, die auch dem Banalen die Kraft zur Irritation oder Transzendenz, zur Verweigerung oder gar zur Widerständigkeit zusprechen: Ein mit Nägeln übersäter Stuhl von Günther Uecker soll Ausdruck einer vorbegrifflichen Unmittelbarkeit sein, die in Opposition zur Vorherrschaft des Logos und der Wörter stünde (verkünden die Interpreten mit vielen Worten). Und zur Erklärung einer Beuys-Installation, deren „tragende" Elemente einige verchromte Metallteile darstellen, ist die „interpretative" Handreichung zur Seite gestellt, dass die transzendierende Wirkung des glänzenden Chroms auf tiefere Sinnschichten verweisen würde.

Weil solche Implikationen sich nicht aus einer Form-Inhalts-Spannung ergeben, besitzen die meisten Werkkomplexe des ästhetischen Modernismus einen elitären Charakter. Elitär, weil sie auf vermeintlich „kundige" Interpreten angewiesen sind, die erklären (müssen), was die künstlerischen Hervorbringungen eigentlich sagen und bedeuten wollen. Etabliert haben sich auf dieser Grundlage autoritäre Strukturen der Kunstvermittlung und stabile Rituale der Unterwerfung.

> Die Kunst darf alles in Frage stellen, doch Fragen an das Kunstsystem gelten als unstatthaft. Schnell wird der Kritiker als Feind des Zeitgenössischen ins dunkle Eck gedrängt. Die Ängste und Immunisierungsmechanismen sind gewaltig, die Denkverbote unerbittlich. (Hanno Rauterberg)

Tendenziell sind Interpretationen an die Stelle immanenter Aussagen der Kunstwerke getreten. Die Selbstdeklaration der Kunstproduzenten und die interpretatorischen Handreichungen der Kunstbürokraten reichen jedoch selten aus, um eine verständige Vorstellung von der präsentierten Kunst zu ermöglichen. Im besten Fall wird die Aussage auf Formeln oder abstrakte Chiffren reduziert, die meist mehr verschleiern, als sie offenlegen.

Kritik wird meist dadurch unterlaufen, dass aus der Not eine Tugend gemacht wird. Wenn dabei die Sachverhalte auf den Kopf gestellt werden müssen, können die wendigen Kunstinterpreten darauf vertrauen, dass ihre Schablonen den Blick auf die Realitäten schon weitgehend verstellt haben, das Wissen um die Zusammenhänge degeneriert und ein historisches Bewusstsein schon weitgehend zerstört ist. Nachdem die Gleichförmigkeit der repräsentativen Kunstschauen aufgrund der beschriebenen Formierungsstrukturen kaum mehr zu übersehen sind, weltweit sich ein Präsentationskarussell mit immer den gleichen Namen und einer austauschbaren Ästhetik der Trivialität und nur mühsam kaschierter Wiederholung dreht, fühlt sich der Dokumenta-XII-Leiter Buergel berufen, „die Geschichte der Ästhetik neu zu schreiben": In der kulturimperialistisch durchgesetzten globalen Gleichförmigkeit der ästhetischen Präferenzen will er eine „Migration der Form" erkennen, die aus der Migration nicht nur der Menschen, sondern auch der Formensprache resultiere. Vordergründig dient diese „Theorie" dazu, das Kasseler Ausstellungskonzept 2007, die In-Beziehung-Setzung von Kunstwerken nach Formpräferenzen zu rechtfertigen, ohne auf Zusammenhänge und Abhängigkeiten achten zu müssen.

Jedoch wird mit dieser flotten These auch die Tatsache verschleiert, dass in der Ausstellungsindustrie, die von den Kunstmanagern aus den Metropolenländern dominiert wird, nur Platz findet, wer sich einem reduktionistischen Ästhetizismus unterwirft. In diesem Falle geht es um alles andere als um „stille, unbewusste Übernahmen" und auch nicht um „zufällige Korrespondenzen", wie Buergel sagt. Werden die Augen vor der Realität des globalisierten Kunstbetriebes nicht verschlossen, kann das massenhafte Bestreben der Anpassung durch Nachahmung nicht übersehen werden. Dieser Unterwerfungsakt wird von den Künstlern der „Peripherie" nicht zu unrecht als Königsweg zur Akzeptanz durch den kultur-bürokratischen Komplex begriffen.

Die Vorrangstellung der „originellen" Form in den Distributionssphären der kommerziellen „Weltkunst" korrespondiert mit einer entlarvenden Nähe zur Warenästhetik und einer Akzeptanz des Warenfetischismus. Dadurch erweist sich der ästhetische Modernismus als spiegelbildlicher Ausdruck einer Verarmung des geistigen und kulturellen Lebens. Deshalb dürfte es schwerfallen, in dieser Kunst das zu entdecken, was Adorno als Kennzeichen auch einer selbsternannten „Avantgarde" notiert hat: Das Einmalige, Unwiederholbare und auch Uneinholbare. Denn die Resultate ihrer Jagd nach dem formal „Neuen" sind austauschbar: Alternative Sichtweisen sollen ermöglicht werden, wird gesagt. Aber gelingt das dadurch, dass Baselitz seine Bilder verkehrt herum aufhängt? Die traditionellen Werkkategorien sollen transformiert werden: Jedoch wird das erreicht, wenn eine Reihe von Wasserhähnen auf ein Brett montiert oder ein Bett unter die Decke gehängt werden? Kunst und Alltag sollen versöhnt werden: Doch was ist das für eine „Versöhnung", wenn dem Alltag der Entfremdung nur sein Inventar, seine Kühlschränke, Staubsauger, Autos und Sofas vorgehalten werden: Das kann sinnvoll noch nicht einmal als Konfrontation bezeichnet werden. Zum Verständnis des Alltags trägt dieser Ästhetizismus nichts bei, weil er kein Orientierungswissen anbietet, auch wenn eine wohlfeile Kunstkritik das immer wieder behauptet: Seine „Installationen" und Arrangements stehen in keinem nachvollziehbaren Verhältnis mehr zu den sozio-kulturellen Widerspruchserfahrungen des Betrachters. Die wirklich dramatischen Entwicklungen des Alltags kommen in der offiziell präsentierten Kunst kaum vor: Wo wird beispielsweise die zunehmende Würdelosigkeit des Alters in der Konkurrenzgesellschaft thematisiert? Unbewusst gehorcht der inszenierte Modernismus einem aktualisierten Bilderverbot: Du sollt dir keine konkreten (und das heißt natürlich kritisch-vermittelnden) Vorstellungen von der Welt machen, in der Du lebst.

6

Obwohl die Differenz zwischen Anspruch und Wirklichkeit meist nur zu offensichtlich ist, gelingt es der Kunst-Bürokratie und einer Heerschar willfähriger Kunstinterpreten immer noch leichthändig, den Eindruck zu erwecken, dass die diversen „minimalistischen" Objekte und die Installationen der *Konzeptkunst* eine progressive Form sozio-kultureller Selbstverständigung wären. Tatsächlich jedoch kultiviert der Post-Avantgardismus eine oberflächliche Unmittelbarkeit. Durch seinen „Verarbeitungsmodus" werden die Rezipienten von einer ernsthaften Beschäftigung mit ihren existenziellen Problemen „entlastet". Und das wird von ihnen auch bereitwillig akzeptiert, weil dieser Effekt ein verbreitetes Bedürfnis nach Verdrängung befriedigt.

Obwohl die vorherrschende Ästhetik des Oberflächlichen selten über Imitationsrituale hinaus kommt, reklamiert sie für sich das „Widerstandspotential" eines ehemaligen Avantgardismus. Tatsächlich hat sich die programmatisch hervorgehobene Konventionslosigkeit zu einer neuen Konvention verfestigt, deren vereinigendes Band die Harmlosigkeit ist. Yves Kleins in blaue Farbe getauchten 300 Globen aus den 60er oder eine mit Haushaltsgeräten gefüllte Glasvitrine aus den 90er Jahren dürften nur noch simple Geister als „Provokation" empfinden, auf die meisten Museumsbesucher dagegen als ein unbekümmertes Unterhaltungsangebot wirken – solange sie nicht die „Interpretationen" eines „postmodern" gewendeten Geistes zur Kenntnis genommen haben, der sie als Symbole einer Hinwendung zum „Singulären" und einer unverfälschten „Unmittelbarkeit" verstanden wissen will, die sich gegenüber verabsolutierenden Geltungs- und Sinnansprüche positionieren würden.

Weil die Gefahr der Verwechslung mit den Artefakten des Alltags groß ist, sind für diese Kunst der institutionelle Rahmen und die quasi-amtliche „Bestätigung" von existenzieller Bedeutung. Die naheliegende (und tatsächlich programmatisch hervorgehobene) Gleichung ist in ihrer Banalität kaum noch zu überbieten: Kunst ist, was die Museen präsentieren. Ihre immer wieder reklamierte Selbstverpflichtung, Kriterien, Geschmack und ein Qualitätsbewusstsein zu entwickeln, werden die Vermittlungsinstitutionen der Kunst immer seltener gerecht. Die kultur-bürokratische „Erhöhung" vermag jedoch nur vordergründig darüber hinwegzutäuschen, dass die gängigen „Form-Innovationen" an die Stelle inhaltlicher, über die Gestaltungsprozesse vermittelter Auseinandersetzungen getreten sind und das formale Regelwerk als „Aussage" missverstanden wird. Überspielt wird die manifeste Substanz- und Phantasielosigkeit durch den schon angesprochenen absoluten Geltungsanspruch und eine fast schon bestaunenswerte interpretatorische Wendigkeit, die auch dem Bedeutungslosen „Bedeutung" zuzusprechen vermag.

Durch die Verselbstständigung der Form gegenüber dem Inhalt werden auch die tatsächlich anregenden Formenexperimente entwertet. Die formal-ästhetische „Minimalisierung" wird zum Endpunkt der künstlerischen Entwicklung hypostasiert. Auch Entwicklungsfähiges bleibt in solcher Atmosphäre des selbstgefälligen Einvernehmens unentfaltet. Denn „nicht wegzudenken ist von Rang und Qualität eines Kunstwerks das Maß seiner Artikulation. Generell dürften Kunstwerke desto mehr taugen, je artikulierter sie sind: wo nichts Totes, nichts Ungeformtes übrig ist; kein Feld, das nicht durch Gestaltung hindurchgegangen wäre. Je tiefer es von diesen ergriffen ward, desto gelungener das Werk: Artikulation ist die Rettung des Vielen im Einzelnen" (Theodor W. Adorno).

Weil dem Neo-Modernismus eine subtile Gestaltungskraft abhanden gekommen ist, bleibt er von einer konstitutiven Tendenz zur Entsinnlichung geprägt: Er bringt nicht mehr den Überschuss an Kräften und Phantasien auf, um neue Selbstentwürfe zu entwickeln und sozio-kulturelle Perspektivdiskussionen anregen zu können. Auch flüchtige Visionen der Zukunft fehlen – oder werden banalisiert. Nirgends ist die Trostlosigkeit dominanter als in den Ausstellungen, die das „Utopische" zum Thema erkoren haben. Mit seiner Praxis ist dieser Ästhetizismus spiegelbildlicher Ausdruck einer Gesellschaftsordnung, der die Zukunftskompetenz abhanden gekommen ist, weil „aus objektiven Gründen ihrer geschichtlichen Situation [sie] nicht zum Bewusstsein ihrer eigenen Wahrheit gelangen" kann (Erich Hahn). Ihre Eliten müssen auf den sozialen und kulturellen Stillstand (der jedoch faktisch sozialen Rückschritt bedeutet und kulturellen Verfall provoziert) setzen, weil jede qualitative Veränderungsperspektive die Stabilität ihrer Macht- und Privilegierungsverhältnisse bedroht. Regressions- und Entzivilisierungsprozesse werden dabei in Kauf genommen:

> Neben den modernen Notständen drückt uns eine ganze Reihe vererbter Notstände, entspringend aus der Fortvegetation altertümlicher, überlebter Produktionsweisen, mit ihrem Gefolge von zeitwidrigen gesellschaftlichen und politischen Verhältnissen. Wir leiden nicht nur von den Lebenden, sondern auch von den Toten. Le mort saisit le vif! (Karl Marx)

7

Es existieren dennoch viele ernsthafte Versuche, die Widerspruchserscheinungen und Paradoxien einer spätbürgerlichen Gesellschaft thematisieren. Jedoch auch wenn Künstler ihre Finger in die Wunden der bürgerlichen Zivilisation legen und das Grauen und das Hässliche thematisieren, gelingt es ihnen nur selten, der herrschenden ideologischen Grundtendenz der Hoffnungs- und Orientierungslosigkeit zu entkommen.

Dieser weltanschauliche Effekt tritt exemplarisch in den Bildern Francis Bacons zutage, eines wahrlich großen Künstlers des bürgerlichen Zeitalters: Sein Thema ist der leidende, gequälte Mensch. Jedoch vermeiden seine Darstellungen meist konkrete Hinweise auf die Ursachen des Leidens. Aufgrund seiner verabsolutierenden Darstellung des Grauens bleibt sein „Realismus" in einem entscheidenden Punkt vordergründig. Es ist bei den meisten seiner Bilder nicht nachvollziehbar, warum die Menschen gequält werden und wer sie aus welchem Grund quält. Leiden erscheint als eine unvermeidliche Begleiterscheinung humaner Existenz.

Bacons Bilder sind ein exemplarisches Beispiel dafür, dass eine „nackte Darstellung des Grauen", wie Adorno sie gefordert hat, keine automatischen Aufklärungseffekte besitzt. Ohne Bezug zu den Ursachen und einer Konkretisierung der Akteure kann sie beim Betrachter ein resignatives Abfinden mit den entfremdeten Weltverhältnissen hervorrufen. Dieser Wirkungsmodus schließt natürlich eine produktive Auseinandersetzung und eine aufklärende Diskussion über die kraftvoll-suggestiven Bilder Bacons nicht aus. Sie können gegen ihren weltanschaulichen Strich betrachtet und interpretiert werden.

Kritische Auseinandersetzungen mit den dominierenden Kunsttendenzen unserer Epoche, wie sie hier ansatzweise versucht wurden, sollten nicht missverstanden werden. Es geht nicht darum, die Kunst vordergründig auf das „Politische" zu verpflichten, aber doch in Erinnerung zu rufen, dass jeder ästhetischen Äußerung eine Positionierung zur Welt inhärent ist (auch wenn die Abwendung von ihr beabsichtigt ist) und in diesem Sinne eine „politische" Dimension besitzt.

„Politisch" ist der offiziöse Strom der Gegenwartskunst jedoch auch in einem ganz unmittelbaren Sinne. Es sind zwar nur 2 Prozent der Bevölkerung, die sich mit den Fragen einer ästhetischen Realitätserarbeitung (oder, wie es vermittelst des modernistischen Kunstbetriebs vorrangig der Fall ist, ihrer Verweigerung) beschäftigen. Aber zu dieser gesellschaftlichen Minderheit gehören Gruppen, die aufgrund ihrer Bildung und ihres „aufgeklärten" Selbstverständnisses einen potentiellen „Unsicherheitsfaktor" darstellen, weil sie nach Erklärungen für problematische gesellschaftliche Entwicklungen suchen (könnten). Durch den in den Vordergrund geschobenen Pseudo-Avantgardismus können sie jedoch von ernsthaften Auseinandersetzungen mit ihren sozio-kulturellen Existenzbedingungen und den sich ihnen aufdrängenden Widerspruchserfahrungen abgehalten werden.

Es geht nicht um eine abstrakte Ablehnung gegenwärtiger künstlerischer Aktivitäten. Es gilt, jeden Anspruch und jeden Versuch ernst zu nehmen. Jedoch gilt auch, dass in dem oben skizzierten Sinne des Zusammenhangs von Deutung und Bedeutung – trotz ihrer vielfältigen Vermittlungen – auch die ästhetische Wahrheit immer konkret ist: Setzt sich die Kunst – so wäre zu fragen – mit den Selbstbestimmungs- und Lebensgestaltungsansprüchen des Alltags auseinander oder werden die Menschen nur als Objekte „behandelt"? Bemüht sich das Kunstwerk um die Gestaltung individueller Schicksale oder schildert sie nur individualistische „Befindlichkeiten", die in keiner nachvollziehbaren Verbindung zu konkreten gesellschaftlichen Prozessen stehen? Eine besonders wichtige Orientierungsfunktion hat die Frage, ob sich die Kunst mit der ganzen Wirklichkeit auseinandersetzt, oder nur Teilaspekte hervorhebt und dabei überzeichnet: Thematisiert ein Kunstwerk nur die Entfremdung und Gleichförmigkeit oder setzt es sich auch mit ihren sozialen Ursachen und den immer auch vorhandenen Aspekten der Gegenwehr und Verweigerung auseinander? Fehlt eine solche Spannbreite, liegt der Verdacht nahe, dass die komplexe Widerspruchsstruktur der Wirklichkeit verfehlt wird und durch die Isolierung von einzelnen Realitätsmomenten einem herrschaftskonformen Schematismus Vorschub geleistet wird.

Um es nochmals zu wiederholen: Eine kritische ästhetische Theorie, die sich mit solchen Fragestellungen beschäftigt, ist die Voraussetzung einer erfolgversprechenden Teilnahme am Kampf um die Wiederaneignung des öffentlichen Raumes. Dabei geht es um Machtfragen, die durch die Trugbilder einer „herrschaftsfreien Kommunikation" (Jürgen Habermas) temporär verdrängt werden können, jedoch nicht aus der Welt zu schaffen sind. Und dieser Kampf ist die Voraussetzung dafür, dass eine alternative Kunst, eine Kunst der Selbstbestimmung und Emanzipation, sich gegen die vielfältigen und zunehmenden Anmaßungen eines aus den Fugen geratenen Kapitalismus wieder zur Geltung bringen kann.

Bibliographische Hinweise über den Zusammenhang von Kunst und Gesellschaft:

- M. Damus, Funktion der bildenden Kunst im Spätkapitalismus, Frankfurt/M. 1973.
- Emmrich, Weltbild und ästhetische Struktur, Dresden 1982.
- Hauser, Soziologie der Kunst, München 1974.
- Th. Metscher, Kunst und Literatur als ideologische Form, in: E. Bloch/D. Garstka/W. Seppmann (Hg.), Marxismus und Anthropologie. Festschrift für Leo Kofler, Bochum 1980.

Zur Kritik des ästhetischen Modernismus:

- K. Farner, Der Aufstand des Abstrakt-Konkreten, Darmstadt und Neuwied 1970.
- H. H. Holz, Vom Kunstwerk zur Ware, Darmstadt und Neuwied 1973.
- L. Kofler, Abstrakte Kunst und absurde Literatur, Wien 1970.
- L. Kofler, Avandgardismus als Entfremdung. Ästhetik und Ideologiekritik, Frankfurt/M. 1987.
- M. Lifschitz, Krise des Hässlichen. Vom Kubismus zur Pop Art, Dresden 1971.
- G. Lukács, Wider den missverstandenen Realismus, Hamburg 1958.

Grundlagentexte zu einer (selbst-)reflexiven Ästhetik:

- G. Lukács, Über die Besonderheit als Kategorie der Ästhetik, 2 Bd., Neuwied und Berlin 1963.
- G. Lukács, Die Eigenart des Ästhetischen, 2 Bände.
- Th. Metscher, Mimesis, Bielefeld 2001.

Zu den kunstpolitischen Formierungsprozessen:

- J. Beckelmann, Das Ende der Moderne, München 1959.
- T. J. Clark, Farewell to an idea. Episodes from the History of Modernismen, New Haven and London 1999.
- S. Guilbaut, Wie New York die Idee der modernen Kunst gestohlen hat. Abstrakter Expressionismus, Freiheit und Kalter Krieg, Dresden und Basel 1997.
- H. Kimpel, documenta. Mythos und Wirklichkeit, Köln 1997.
- F. S. Saunders, Wer die Zeche zahlt ... der CIA und die Kultur im Kalten Krieg, Berlin 2001.
- M. Wekwerth, Zerstörung von Kultur und Kultur der Zerstörung, Essen 2006.

Anna Lina Dux

Das deutschsprachige politische Lied nach 1945
Zwischen Protest, Gegenentwurf und Eindimensionalität

Anlässlich der Tagungsfrage „Kunst als politische Waffe oder als Mittel zur Aufklärung?" politische Lieder zu diskutieren, bietet sich aus verschiedensten Gründen an: Politische Lieder und die Akteure der Szene verstanden und verstehen sich als Teil eines Diskurses um die Wirksamkeit von Kunst, ebenso wie sie Teil unterschiedlichster politischer Diskurse sind und damit ganz entscheidend das öffentliche Bewusstsein in Bezug auf verschiedenste Emanzipationsbewegungen geprägt haben. Dieser Vortrag möchte zunächst der Frage nachgehen „Was ist *das* politische Lied?" und dann im Anschluss unter der Verwendung der Begriffe „Protest, Gegenentwurf und Eindimensionalität" auf das politische Lied bis zum Ende der 80er Jahre eingehen, um dann anhand von drei Hörbeispielen auf jeweilige Spezifika hinzuweisen. Im Anschluss daran werde ich auf die Transformationen politischer Lieder nach 1989 (und damit auf Aspekte meines Dissertationsprojektes) eingehen und Besonderheiten beispielhaft an drei weiteren Hörbeispielen zur Diskussion stellen.

1. Was ist ein politisches Lied?

Mit dem Begriff „politisches Lied" kann zweierlei gemeint sein. Abhängig von der jeweiligen Quelle wird mal (orientiert am Begriff des Liedermachers) ein recht eng gefasster Begriff geprägt, auf der anderen Seite ist eine offene Beschreibung zu finden, die über die Liedermacher-Lieder weit hinausgeht. Beide Möglichkeiten seien hier gegenübergestellt:

1. Orientiert am Begriff des Liedermachers, der so wesentlich von Wolf Biermann geprägt wurde, beschreibt der herkömmlich verwendete Begriff Lieder eines Künstlers, der textlastige Gesangsstücke schreibt, sie selbst (folkig-minimalistisch) auf der Gitarre begleitet und sich musikalisch in der Tradition von französischem Chanson und amerikanischem Folk versteht. Musikalisch dennoch heterogen, sind politische Lieder nach dieser engeren Definition zunächst orientiert an Bänkelliedern, demokratischen Volksliedern aus der Vormärzzeit, den Liedern der Arbeiterbewegung und an den Chansons der Kabarett-Szene. Mit dem Festival auf der Burg Waldeck entwickelt sich das politische Lied der 60er Jahren zum Begleiter der neuen sozialen Bewegungen (z. B. der Friedens- und Anti-Atomkraftbewegung).

Holger Böning betont in seiner Arbeit von 2004, dass insbesondere in den Hochzeiten des politischen Liedes, sowohl im Westen als auch im Osten, Ge-

genöffentlichkeiten geschaffen wurden, in denen das Unbehagen an den herrschenden sozialen und politischen Zuständen seinen Ausdruck gefunden habe.[1]

2. Mit der radikalen Kapitalisierung des Musikmarktes und einer damit verbundenen Transformation der Medienlandschaft lässt sich eine Vermischung von politisch-musikalischer Subkultur, sozialen Bewegungen und populärkulturellen musikalischen Pop-Formen feststellen. Die bis dahin vorausgesetzten Grenzen zwischen Indie und der Vermarktung politischer Musik verschwimmen, und damit ist auch eine weiter gefasste Definition des Begriffes „politisches Lied" zu legitimieren. Während die Beschreibung des Liedermachers von einer per se oppositionellen kulturellen und politischen Haltung ausgeht, muss heute vielmehr nach der Konstruktion von politischer Bedeutung in industriell vermarkteter „politischer" Musik und den Transformationen und Adaptionen der Subkulturen in Richtung Popkultur und Popmoderne[2] gefragt werden. Ein weiter gefasster Begriff des politischen Liedes, der sich bei einer Untersuchung *aktueller* politischer Lieder empfiehlt und die populärmusikalische Stilrichtungen mit politischem Gehalt berücksichtigen will, geht über eine Orientierung an den „Liedermachern" hinaus und integriert Lieder und Songs aus Pop, Punk und HipHop ebenso wie textuell-musikalische Erzeugnisse aus der Rockmusik.

Zunächst waren politische Lieder im 20. Jahrhundert Begleiter und Vorreiter sozialer Bewegungen. Anders als beispielsweise die sogenannte neue Musik war das Lied vor und nach der großen Zäsur durch die Nationalsozialisten Verbindung von Text und Musik in eben singbarer, musikalisch reduzierter Form und damit ein durchaus massenwirksames Medium (wenngleich die Hörerschaft in Zahlen nicht zu vergleichen ist mit den Rezipienten heutiger politischer Populärmusik).

Politische Lieder können Ausdruck eines bestimmten sozialen oder politischen Bewusstseins sein oder eben auch Bewegungen vorantreiben. Sie taten dies sowohl in der frühen Arbeiterbewegung als auch in den 60er Jahren mittels scharfer Kritik am Zeitgeist oder mittels der Konstruktion von gesellschafts- bzw. ökonomiekritischen Gegenentwürfen.

Zentral für die politischen Lieder der Liedermacher waren also, und das untersucht auch Holger Böning in seiner Studie, utopische Momente, Bilder und Entwürfe eines erreichbaren und doch fernen Morgens jenseits von Unterdrückung und Entfremdung; sie eine die „Hoffnung auf eine freiheitliche und demokratische Gesellschaft"[3], so Böning, und er betont, dass politische Lieder Teil

---

1 Vgl. Holger Böning: Der Traum von einer Sache. Aufstieg und Fall der Utopien im politischen Lied der Bundesrepublik und der DDR. Bremen: 2004, S. 6.
2 Vgl. Alexander Flohé, Stephanie Schmoliner: Popmoderne und Protest. Musik zwischen Subversion und Aneignung. In: Forschungsjournal Neue Soziale Bewegungen. Heft 3 (2006). S. 2–7.
3 Holger Böning: Der Traum von einer Sache. Aufstieg und Fall der Utopien im politischen Lied der Bundesrepublik und der DDR. Bremen 2004, S. 8.

einer linken Bewegung seien, während die Adaptionen politischer Lieder durch
die Rechte damit ausgeklammert werden.

Am politischen Lied des 20. Jahrhunderts lassen sich verbreitete historische und
gegenwärtige Strömungen, Ideen und Visionen untersuchen, ebenso wie die subkulturellen Konzepte und Utopien der Avantgarden. Holger Böning betont den
Aspekt der Gegenöffentlichkeit bei der Beschäftigung mit politischen Liedern in
den unterschiedlichen sozialen Bewegungen ab den 60er Jahren (z. B. Arbeiterbewegung, Frauenbewegung, AKW, '68, Friedensbewegung, Öko-Bewegung).
Hier wurden Bilder von Gesellschaft entworfen, deren utopischer Gehalt direkt
oder indirekt als Aufruf, Mahnung oder Kritik sichtbar und hörbar wurden.

> Für eine kurze Zeit entsteht mit der politischen Liedpublizistik eine Gegenöffent-
> lichkeit, in der zunächst nicht-professionelle Autorinnen und Autoren sich vor ei-
> nem schnell größer werdenden Auditorium artikulieren und gemeinsam mit ihrem
> Publikum Druck auf die etablierten Medien entwickeln, sich der Kritik an einer
> restaurativen Gesellschaft zu öffnen, die, wie sie die Sänger sahen, in ihren Struk-
> turen und ihrem politischen Personal mehr vom Gestern als von der Lust an De-
> mokratie geprägt war.[4]

In differenzierter Auseinandersetzung beschreibt Böning die Unterschiede in der
BRD und in der DDR und fragt nach der Funktion und Wirksamkeit von politischen Liedern in Deutschland. Zusammenfassend bemerkt er:

> Diese Lieder sind Belege intensivster Befassung mit dem politischen Geschehen,
> das sie nicht nur reflektieren, sondern auch zu beeinflussen suchen. Sie dokumen-
> tieren erlebte Geschichte auf eine Weise, wie dies andere Quellen nicht vermö-
> gen.[5]

Die durch die musikalische Gestaltung der Lieder hervorgerufene Emotionalität
der Rezipienten kann im Dienste einer Vergemeinschaftung oder gegenseitigen
Solidarisierung bis hin zur Förderung einer kollektiven Identitätsbildung bewertet werden. Ich zitiere, den ersten Teilabschnitt abschließend, Ingrid Lammel,
die sich insbesondere mit Arbeiterliedern befasst hat.

> Alle Bemühungen um eine progressive Kulturbewegung in der BRD lassen er-
> kennen, daß auch das politische Lied zum integralen Bestandteil einer sich her-
> ausbildenden zweiten Kultur geworden ist. Die beachtliche Lied- und Singebewe-
> gung der demokratischen und sozialistischen Kräfte setzt dem herrschenden kapi-
> talistischen Kultur- und Kunstbetrieb deutlich Eigenes, Neues entgegen: eine
> Kunstpraxis, die von den arbeitenden Menschen getragen ist und von ihnen benö-
> tigt wird, weil sie hilft, Gegenwärtiges als durchschaubar und veränderbar zu be-

---

4 Ebd. S. 5.
5 Ebd. S. 16.

greifen, gesellschaftliche Perspektiven zu erkennen ebenso wie die Notwendigkeit, sich aktiv in den Kampf für den gesellschaftlichen Fortschritt einzureihen.[6]

Im nun folgenden Abschnitt möchte ich das politische Lied mit den Begriffen Protest, Gegenentwurf und Eindimensionalität in Verbindung bringen:

Protest, Gegenentwurf und Eindimensionalität

Die politischen Lieder der 60er bis 80er Jahre bewegen sich zwischen Protest und Gegenentwurf, sie taten dies auf unterschiedliche Weise in Ost und West, was einen gesonderten Vortrag wert wäre.[7] Der Protest politischer Lieder richtete sich vor dem 2. Weltkrieg zunächst gegen die Unterdrückung der Arbeiter, gegen Kapital und Faschismus und verbündete sich in den 60er Jahren mit der Friedensbewegung, den 68ern und der Anti-Atomkraft-Bewegung. Nicht selten wurden neben der direkten oder indirekten Kritik an den Zuständen, Strukturen und Ereignissen der Zeit (auch hier sei nur kurz auf die unterschiedlichen Bedingungen in Ost und West verwiesen) Vorstellungen von Gesellschaft deutlich, die der Wirklichkeit dieser Jahre entgegenstanden und Alternativen aufzeigten, die von Gesellschafts-Utopien bis zu privateren Individual-Utopien reichten.

Der Protest in den zeitkritischen politischen Liedern seit den 60er Jahren hatte Wirkung nach innen und außen. Nach innen stärkten die Protestformulierungen den Zusammenhalt und das Wir-Gefühl linker Systemgegner, nach außen formulierte er in Form von Liedern Forderungen nach einer Alternative zur Realität. Die Formen dieses Protestes entsprechen den Protestformen der neuen sozialen Bewegungen und erhalten in der Verbindung mit diesen Gruppierungen und Milieus zusätzliche Bedeutung. Ich zitiere Klaus Eder, der sich mit den Protestformen der sozialen Bewegungen befasst hat:

> Der kollektive moralische Protest folgt der Logik der rituellen Umkehrung der offiziellen Realität. Protesthandeln ist nichts anderes als die Umkehrung des institutionellen Handelns: Nicht zentralisiert, sondern dezentralisiert zu sein; nicht legal, sondern legitim zu sein, nicht formal, sondern informell zu sein; nicht strategisch, sondern expressiv orientiert zu sein. Dieses Protesthandeln ist eine Fortsetzung einer alten Logik kollektiven Protests, der Logik moralischer Empörung. [...]
>
> In modernen Gesellschaften wird dieser Protest säkularisiert. Er wird in Form diverser, mehr oder weniger stabiler Gegenkulturen institutionalisiert.[8]

Sowohl in der BRD als auch in der DDR, wenn auch unter anderen Bedingungen, stellte die Liedkultur eine solche Gegenkultur dar, deren Bedeutung und Wirkungen eng an die Kontexte der Entstehung geknüpft sind. Politische Lieder

---

6 Wir packen's an. Hg. v. Ingrid Lammel. Berlin 1978.
7 Wenigstens sei in diesem Rahmen auf die Veröffentlichungen zur Kultur des Politischen Liedes in der DDR von Thomas Goll (2004), Katrin Möller (2003) und Thomas Kochan (2002) verwiesen.
8 Klaus Eder: Kulturelle Identität zwischen Tradition und Utopie. Soziale Bewegungen als Ort gesellschaftlicher Lernprozesse. Frankfurt am Main 2000, S. 101.

dieser Zeit wurden als Verbündete und Identifikationshelfer verstanden, sie schufen eine Abgrenzung nach außen, förderten eine Vernetzung demokratisch orientierter Linker und appellierten an gemeinsame Rahmungen[9].

Singen selbst wurde als Alternative zum Bestehenden antizipiert[10], Singen wurde zum gegendiskursiven Akt des Protestes und damit Widerstand und Gegenentwurf *zugleich*. Das passende Stichwort ist hier: „Freiheit lebt nur im Liede", das in den 60er Jahren in aller Munde war.

Der Anspruch, nicht nur innerhalb der Lieder, sondern auch im Alltag Protestkultur und ihre Ideale von Frieden, Ökonomiefeindlichkeit und Demokratisierung zu etablieren, führte zu einer regen Festivalkultur in den 60er bis 80er Jahren. Die Festivals auf der Burg Waldeck ab 1964, die Ostermärsche, die Proteste gegen den Vietnam-Krieg, die Studentenbewegung und der deutsche Herbst lassen in diesen Jahren neue deutschsprachige politische Lieder entstehen, die auch in Form von intertextuellen Bezügen an die Tradition von Arbeiterliedern Weinerts, Mühsams und Mehrings und anderen anknüpfen. Als sich das Festival auf der Burg Waldeck etablierte, stellte es ein Forum für politische Kritik dar.

Die Besucher des Waldecker Festivals (oder auch später des Festivals des Politischen Liedes in Ostberlin) verstanden die Teilnahme, wie schon bemerkt, selbst als gelebte Utopie.[11] Das gilt wohl auch heute noch immer für die vielen Besucher des Festivals „Musik und Politik" in Berlin, des Folkfestivals in Rudolstadt und all der anderen Events, die neben der Rezeption und Konsumption neuer und alter Lieder ein unmittelbar und als unverfälscht empfundenes Live-Erlebnis bieten, was sowohl Zugehörigkeitsgefühle zu einer bestimmten sozialen Gruppe als auch ein Gemeinschaftserlebnis bedeutet, was Medienkonsumption in dieser Form nicht leisten kann.

Herbert Marcuse, der sich früh mit der Funktion von Musik in gesellschaftlichen Prozessen befasst hat und der bei einer Betrachtung der Frage nach der Funktion von Kunst in gesellschaftlichen Prozessen nicht außer Acht gelassen werden darf, betonte die *doppelte Funktion von Kunst* und leitete damit wie kein anderer die Frage nach der Eindimensionalität von künstlerischen Erzeugnissen ein. In seiner Rede „Musik vom anderen Planeten", die er 1968 am Conservatory of Music in Boston hielt, sagte er, „als Teil der etablierten Kultur ist die Kunst affirmativ, als Entfremdung von der gegebenen Wirklichkeit ist sie eine negierende Kraft".[12]

---

9 Den Begriff der gemeinsamen Rahmungen gebraucht Klaus Eder im Sinne Goffmanns, der unter Rahmungen kollektiv geteilte Bedeutung von Handlungen und Ereignissen versteht. (Vgl. Eder, S. 30.)

10 Vgl. Böning, S. 23.

11 Vgl. ebd. S. 107.

12 Herbert Marcuse: Musik vom anderen Planeten. In: Herbert Marcuse. Nachgelassene Schriften Bd. 2. Kunst und Befreiung. Hg v. Peter-Erwin Jansen. Lüneburg 2000, S. 99.

Marcuses Verhältnis zur Musik seiner Zeit war durchaus ambivalent. Während er die Songs Dylans lobte, die im Sinne seines utopischen Anspruchs an Kunst sichtbar machten, was sein *könnte*, bemängelte er die Eindimensionalität menschlicher Rationalität auch am Beispiel der Rockmusik und leitete damit die Kritik an Mythisierung, Starkult und der Verwertung politischer Gesten als Massenprodukte ein. Mit einem von Marcuse ausgehenden, erweiterten Blick auf die Ergebnisse und Annahmen der Cultural Studies, die die Subkulturen und ihr „subversives Potential"[13] zum Thema machen, müssen in der Folge solcher Subkultur-Studien auch wieder Vereinnahmungen derselben (und damit muss an dieser Stelle auch das politische Lied gemeint sein) durch den Mainstream in den Blick genommen werden.

Marcuses alter Begriff der Eindimensionalität eignet sich daher für die Analyse pseudopolitischer, marktorientierter Lieder, die eben nicht den Anspruch haben, Gegenentwürfe zum Bestehenden zu konzipieren, sondern vielmehr die Ver-kaufbarkeit ihrer Produkte ins Zentrum ihres Interesses stellen. Mit Marcuses Definition von der negativierenden Kraft der Kunst lässt sich also ganz provoka-tiv die alte Frage stellen, inwieweit rein affirmative Kunst denn noch Kunst sei. (Und mit dieser Frage befinden wir uns augenblicklich bei Adorno und seiner Kritik an der Kulturindustrie. Das möchte ich jedoch an dieser Stelle nicht wei-ter ausführen.)

Anders als noch zu Zeiten des „klassischen" politischen Liedes bis zu den 80er Jahren lässt sich die Kategorisierung eindimensionaler Lieder heute allerdings nicht mehr ganz so einfach vornehmen. Wer das alte Diktum gelten lässt, nur wer „Indie" sei, sei wirklich politisch, muss sich heute mit der Situation kon-frontiert sehen, dass gerade die Indies, ihre Styles, Codes, Fanzines und Werte vom Mainstream in Beschlag genommen werden und neben den Erzeugnissen großer Labels gerade *wegen* ihres subkulturellen Gestus breit konsumiert werden und nicht selten dann zu Kriterien der Verkaufbarkeit beitragen.

In seiner Ende 1996 in der Zeitschrift „junge Welt" erschienenen Reihe „Was ist ein Protestsong?" versucht Günther Jacobs die Frage zu klären, inwieweit politi-sche Musik per se Protestcharakter haben kann, beziehungsweise inwieweit ge-sellschaftliche Diskurse, Rezeption und mediale Bearbeitung erst die politischen Bedeutungen konstruiere.[14]

> Im Zusammenhang mit der Bedeutungskonstitution werden auch die mit der Mu-sik befassten Subjekte im sozialen Raum produziert und positioniert: Künst-ler/innen und Publikum, Stars und Fans, „Massenpublikum" und „Kopfhörer", „progessive Dj's" und „biedere Gitarristen", Erwachsene und Teenies, männliche „Kenner" und weibliche „Groupies", Dominante und „Exoten", Pop und „Welt-

---

13 Flohé, Schmoliner, S. 3.
14 Günther Jacobs: Was ist ein Protestsong? http://www.rock-links.de/texte/protestsong.htm. (28.09.2006), S. 34.

musik", „Mainstream" und „Underground", Pop-Intellektuelle und Pop-Proleten, „Angepaßte" und „Dissidenten". [...]

Damit ist gesagt, dass der politische Anspruch der Musiker/innen zwar eine Rolle spielen kann, zugleich aber auch, daß er vom Publikum ignoriert oder umformuliert werden kann.[15]

Nimmt man diese politik- und kulturkonstituierende Komponente von Musik bei der Interpretation gegenwärtiger politischer Lieder mit in den Fokus, müssen neben der Analyse von Liedermacher-Erzeugnissen (in der Plattenindustrie als Produkte von Singern/Songwritern bezeichnet) auch Erzeugnisse von Diskursrockern, Hip-Hopern und Punks auf ihren politischen Habitus, ihre Inhalte und ihre Styles und Wirkung untersucht werden und können nicht mehr als per se politisch oder eben unpolitisch festgeschrieben werden. Eine differenzierte Analyse ist angesichts der Transformationen des Musikbusiness ausgesprochen spannend und unbedingt Teil des Diskurses um die politischen Möglichkeiten von Kunst ganz allgemein.

3. Exemplarische Analysen: Protest und Gegenentwurf (60er bis 80er Jahre)

An dieser Stelle möchte ich zunächst drei bekannte Beispiele deutschsprachiger politischer Lieder vorstellen, die in den 60er bis 89er Jahren entstanden sind und recht eindeutig den Oberbegriffen *Protest* und *Gegenentwurf* zuzuordnen sind, und diese im Anschluss drei Beispielen gegenwärtiger politischer Lieder/Songs mit der angekündigten Erweiterung des musikalischen Rahmens (aufgrund einer eher kulturwissenschaftlichen Perspektive) gegenüberstellen.

1. Hörbeispiel: Degenhardt – 2. Juni 1967[16]

Da hast du es, das Argument der Straße.
Sagt bloß jetzt nicht: das haben wir nicht gewollt.
Zu oft verhöhnt habt ihr die sogenannte Masse,
die euch trotz allem heut noch Beifall zollt.
Nun wisst ihr es: Uns ist es nicht genug,
in jedem vierten Jahr ein Kreuz zu malen.
Wir rechnen nach und nennen es Betrug,
wenn es gar keine Wahl gibt, bei den Wahlen.

Jetzt schreiben wir die Kreuze an die Wände
mit roter Farbe. Warum eure Wut?
Das ist doch Farbe. Aber eure Hände
sind seit Berliner Tagen voller Blut.
Zerquetschte Schädel stellt ihr zum Vergleich

---

15 Ebd. S. 34.
16 Franz-Josef Degenhardt: 2. Juni 1967. Auf: Für wen ich singe 1968.

geplatzten Eiern und Tomaten.
Das ist nicht neu in diesem Land! Und euch,
euch paar'n, die ihr mal anders wart,
was soll man euch noch raten?

Genau das ist die Mischung, die wir kennen:
Gerührt bei kindischer Sorayerei.
Und das schlägt zu, mitten im Flennen;
aus Rotz und Blut ist dieser Brei.
Warum, verdammt, seid ihr nicht aufgewacht,
bevor die Kugeln trafen.
Jetzt denkt an Deutschland in der Nacht,
und sagt, wer kann noch ruhig schlafen?

Degenhardt schrieb dieses Lied als Antwort auf die Erschießung Benno Ohnesorgs und die Demonstrationen anlässlich des Schahbesuchs in Berlin 1967. Der Hörer wird über die direkte Ansprache recht unmittelbar in das Geschehen und damit in die Verantwortung für die Eskalation der Demonstrationen hineingezogen. Während es deutlich kritische Töne an der Autoritätshörigkeit der „sogenannten Masse" gibt, ist das Lied jedoch nicht nur in diese eine Richtung kritisch. Angesprochen werden die Hörer auf gleich mehreren Ebenen, das heißt als mögliche Zugehörige gleich mehrerer Gruppierungen: „Ihr", das sind die Herrschenden, die Politiker, die Polizei, die als Rechtfertigung für die Schüsse auf den friedlich demonstrierenden Ohnesorg das Argument anbrachten, sie seien bedroht worden; das sind aber auch diejenigen, die die Liebesbeziehungen des Schahs für wesentlicher hielten, als den politischen Widerstand gegen die inhaltlichen Positionen desselben.

Die Wirkung des Liedes ist also zunächst eine kritisch-abgrenzende, dann jedoch auch eine selbstkritisch-gemeinschaftsstiftende, die sich nicht nur an dem „Wir" festmachen lässt, sondern auch an den nicht einheitlich angesprochenen Adressaten, der ebenso der politische Gegner sein kann wie auch der linke Autoritäts- beziehungsweise Staatskritiker, dessen Verhältnis zu Schah und Soraya auf dem Prüfstand steht.

Schließlich ist es Heine, auf den Degenhardt sich bezieht (und damit zugleich sein eigenes Rollenverständnis als Außenstehender und Zugehöriger in einer Person festschreibt), wenn er das Schlafen angesichts der Ungerechtigkeiten und Gewalt in Deutschland anmahnt und mit dessen Worten er sein Unbehagen und sein Erschrecken über den Verlauf des 2. Juni 1967 beschreibt.

Dieses Lied ist exemplarisch für die politischen Liedermacher des Westens, die zu Beginn als Begleiter und Vorreiter von Bewegungen bezeichnet wurden. Weitere Beispiele sind Lieder von Jansen, Hüsch, Süverkrüpp, Wader und unzähligen anderen, die mal dialektisch, mal appellativ die Zustände der Zeit anprangerten.

2. Hörbeispiel: Ermutigung – Wolf Biermann[17]

Du, lass dich nicht verhärten
in dieser harten Zeit.
Die allzu hart sind brechen,
die allzu spitz sind stechen und brechen ab sogleich.

Du, lass dich nicht verbittern
in dieser bittren Zeit.
Die Herrschenden erzittern,
sitzt du erst hinter Gittern, doch nicht vor deinem Leid.

Du, lass dich nicht erschrecken,
in dieser Schreckenszeit.
Das wolln sie doch bezwecken,
daß wir die Waffen strecken schon vor dem großen Streit.

Du, lass dich nicht verbrauchen,
gebrauche deine Zeit.
Du kannst nicht untertauchen,
du brauchst uns und wir brauchen grad deine Heiterkeit.

Wir wolln es nicht verschweigen
in dieser Schweigezeit.
Das Grün bricht aus den Zweigen,
das wolln wir allen zeigen, dann wissen sie Bescheid.

Dieses wohl bekannteste Lied Wolf Biermanns kann beispielhaft für eine DDR-Realität fern der Singebewegung gelten, in der ein sozialistischer Protest gegen ein realsozialistisches System formuliert wird, in welchem anders als ein mögliches „Ihr" (als zu kritisierendes Gegenüber) ein „Du" angesprochen wird, das als ein mutiges und widerständiges Du gedacht wird. *Ermutigung* ist ein intimes Lied, ein hoffnungsfrohes und aufrüttelndes, das über die Ansprache des „Du" zu einem Aufstand gegen die Schweigezeit aufruft, die indirekt und doch verständlich ist. Es ist das alte romantische Frühlingsmotiv, das Biermann hier verwendet, um vom Beginn eines anderen Morgens zu künden. Dass Biermann damit trotz des drohenden Untertons nicht den Untergang der DDR gemeint hat, er ja nicht *gegen* den Sozialismus gesungen hat, das macht er in vielen seiner anderen Lieder noch deutlicher; hier ist seine Utopie von einem erreichbaren libertär-

---

17 Wolf Biermann: Ermutigung. Auf: Ahh Ja! 1974.

sozialistischen Morgen mit dem persönlichen Appell an den Hörer verbunden, eben nicht aufzugeben und zu resignieren, sondern für eine Alternative zur gegenwärtigen Situation der DDR zu kämpfen.

Es gäbe unzählige weitere Beispiele von „DDR-Liedermachern" zwischen kultureller Zensur von oben und alternativer Organisation von unten, zwischen politischem Anspruch und individuell-privater Intimität; ich will an dieser Stelle nur einige nennen: Hans-Eckardt Wenzel und Stephan Kraftzyk, Bettina Wegner und Barbara Thalheim.

Lieder, die die kollektiven Deutungsmuster und den Mobilisierungscharakter von Musik[18] im Fokus haben, betonen, wie hier zu sehen, besonders Aspekte des Protestes gegen Systemstrukturen, sie betonen das gemeinsame Interesse, das „Wir" und stellen damit zugleich ein mehr oder weniger vehementes Abgrenzen vom Anderen, vom zu Bekämpfenden dar.

Das Andere im Sinne des deutschen Staates greifen beispielsweise auch Ton, Steine, Scherben in ihrem Rauch-Haus-Song an, indem sie gegen die Zwangsräumung des von Autonomen besetzten Bethanien in Berlin protestieren:

3. Hörbeispiel: Ton, Steine, Scherben – Rauch-Haus-Song[19]

Der Mariannenplatz war blau, soviel Bullen waren da,
und Mensch Meier musste heulen, das war wohl das Tränengas.
Und er fragte irgendwann: „Sag mal, ist hier heut 'n Fest?"
„Sowas Ähnliches", sachte einer, „das Bethanien wird besetzt."
„Wird auch Zeit", sachte Mensch Meier, „stand ja lange genug leer.
Ach, wie schön wär doch das Leben, gäb es keine Pollis mehr."
Doch der Einsatzleiter brüllte: „Räumt den Mariannenplatz,
damit meine Knüppelgarde genug Platz zum Knüppeln hat!"

Doch die Leute im besetzten Haus
riefen: „Ihr kriegt uns hier nicht raus!
Das ist unser Haus, schmeißt doch endlich
Schmidt und Press und Mosch aus Kreuzberg raus."
Der Senator war stinksauer, die CDU war schwer empört,
dass die Typen sich jetzt nehmen, was ihnen sowieso gehört.
Aber um der Welt zu zeigen, wie großzügig sie sind,
sachten sie: „Wir räumen später, lassen sie erst mal drin!"
Und vier Monate später stand in Springers heißem Blatt,
dass das Georg-von-Rauch-Haus eine Bombenwerkstatt hat.

---

18 Vgl. Schmoliner, S. 43.
19 Ton Steine Scherben: Rauch-Haus-Song. Auf: Keine Macht für Niemand 1972.

Und die deutlichen Beweise sind zehn leere Flaschen Wein
und zehn leere Flaschen können schnell zehn Mollies sein.

Doch die Leute im Rauch-Haus
riefen: „Ihr kriegt uns hier nicht raus!
Das ist unser Haus, schmeißt doch endlich
Schmidt und Press und Mosch aus Kreuzberg raus."

Letzten Montag traf Mensch Meier in der U-Bahn seinen Sohn.
Der sagte: „Die wolln das Rauch-Haus räumen,
ich muss wohl wieder zu Hause wohnen."
„Is ja irre", sachte Mensch Meier, „sind wa wieder einer mehr
in unsrer Zweiraum-Zimmer-Luxuswohnung
und das Bethanien steht wieder leer.
Sag mir eins, ha'm die da oben Stroh oder Scheiße in ihrem Kopf?
Die wohnen in den schärfsten Villen, unsereins im letzten Loch.
Wenn die das Rauch-Haus wirklich räumen,
bin ich aber mit dabei und hau den ersten Bullen,
die da auftauchen, die Köppe ein."

Und ich schrei's laut:
„Ihr kriegt uns hier nicht raus!
Das ist unser Haus, schmeißt doch endlich
Schmidt und Press und Mosch aus Kreuzberg raus."

Bei diesem Lied, das aufgrund der breiten Rezeption anders als die vorangestellten Beispiele schon eher in der Nähe populärkultureller Erzeugnisse zu verstehen ist, ist sehr deutlich das zu spüren, was Protestlieder kennzeichnet, nämlich das Moment der Identitätskonstruktion (WIR, Agitation, Aufruf, Identifikationshelfer und musikalisch: Schrei, Chor, Singbarkeit). Auch der Rauch-Haus-Song bietet aber noch mehr als den reinen, direkten Protest gegen den Staat als Machtinstanz und deren namentlich genannten Akteure, er enthält zudem Momente des Gegenentwurfes. Der Text lässt implizit und explizit erkennen, dass es eine vorstellbare andere Wirklichkeit zur Bethanien-Räumung gibt. Es wird der drastische, schnoddrige Ton sein, der die Scherben zum Mythos hat werden lassen, zudem erfüllen sie mit ihrem Prinzip der Selbstveröffentlichung (Eigenlabel) das alte Kriterium der Unabhängigkeit von Großkonzernen der Musikindustrie und prägen diese Forderung deutlich mit; auch damit ist ihr derartiger Erfolg in der libertären Linken zu erklären.

Zusammenfassend lässt sich feststellen, dass den drei Liedern das Gegendiskursive, Rebellische, Agitierende, mal intertextuell-intellektuell, mal eindeutig, klar und unmissverständlich gemeinsam ist.

4. Transformationen nach 1989

Nach der Wende 1989 verändern sich die Bedingungen für politische Lieder grundlegend. Mit dem Wegfall erkennbarer Alternativen zur kapitalistischen Staatsform zeichnet sich auch eine Veränderung der Lied-/Musikkultur ab, die ich hier skizzenhaft darstellen möchte:

• Zunahme eher deskriptiver Zeitkritiken (beispielsweise bei *Dota* und *Dziuks Küche)*

• Ironisierte politische Lieder, die mit den alten Formen entweder musikalisch oder textuell brechen (beispielsweise bei *Götz Wiedmann* und *Funny van Dannen, Strom und Wasser)*

• Transformationen/Adaptionen alter Lieder (beispielsweise der Reiser-Lieder durch die Hamburger Schule und *Freundeskreis)*

• Globalisierungskritische, antikapitalistische Töne bei Reggae- und Hip-Hop-nahen Künstlern (wie beispielsweise bei *Mellow Mark)*

• Polyseme populärkulturelle Lieder/Pop (wie beispielsweise Songs von *Naidoo, Grönemeyer, Wir sind Helden)*

• Deutlich politisch ambitionierte Lieder in altem Liedermacher-Gewand, ebenso wie Liedtexte, deren politischer Gehalt mit aufwendig gestaltetem Begleitheft untermalt wird (wie beispielsweise bei den *Goldenen Zitronen* oder *Grenzgänger)*

• Zunahme von politischen Botschaften jenseits von Texten; multimediale Bilder

In der Folge dieser vielseitigen Möglichkeiten, mehr oder weniger politische Inhalte über Musik zu transportieren, verschwimmt, wie schon gesagt, der alte Gegensatz Indie – Industrie. Was Marcuse noch mit dem Begriff der Eindimensionalität beschreibt, kann heute auch unter dem Begriff der *intendierten Aneignung* gefasst werden. Es ist eben zu fragen, und das tun sowohl Musik- als auch Kulturwissenschaftler, ob Popmusik, von der Plattenindustrien vereinnahmt und damit unter Marcuses Gesichtspunkten ohnehin eindimensional, „noch widerständiges Potential"[20] haben könne und damit eine subversive Funktion habe. Die Veröffentlichung „Popmoderne und Protest. Musik zwischen Subversion und Aneignung" geht genau dieser Frage nach und versammelt unterschiedliche Standpunkte nebeneinander. Jörg-Uwe Nieland geht beispielsweise in seinem Aufsatz „From Music to Politics und from Politics to Music?"[21] von einer Repolitisierung der Popmusik am Beispiel der Live-8s, der Rock-gegen-Rechts-Konzerte, der Gegengipfelmobilisierungen und den Folgeveranstaltungen nach dem 11. September aus. Er vermerkt jedoch, dass bei einer solchen Repolitisie-

---

20 Flohé, Schmolinger, S. 5.

21 Jörg-Uwe Nieland: From Music to Politics and from Politics to Music? In: Popmoderne und Protest. Musik zwischen Subversion und Aneignung. Stuttgart 2006, S. 20–29.

rung kein einheitliches Verständnis davon vorauszusetzen sei, was eben Politik sei, und damit ist ein gemeinsames antikapitalistisches, globalisierungskritisches, pazifistisches, von mir der Einfachheit halber mal „links" genanntes Interesse eben fraglich.

Jürgen Reiche spricht in seinem Aufsatz vom Ende des pazifistischen Anliegens der Rockmusik angesichts der Ereignisse des 11. Septembers und betont so eine Transformation des bis dahin links-politischen Gestus politischer Musik hin zu einem gänzlich veränderten Verständnis davon, was denn Politik in der Kunst sei. Zwischen diesen Wertungen über aktuelle Musik bewegt sich auch die Betrachtung politischer Lieder.[22]

Mein Dissertationsprojekt will sich mit dem Heute, dem politischen Lied nach 1989 befassen. Betrachtet man die turbokapitalistischen Ausformungen des (Musik-)Business stellt sich trotz oben skizzierter Positionen zu einer vermeintlichen Repolitisierung der (Pop-)Musik unweigerlich weiter die Frage nach dem, was politische Texte heute noch sagen können und wollen. Marcuse mit seinem ambivalenten Verhältnis zu populärer Musik ist also nicht gänzlich ohne Aktualität. Welche Formen haben Gegenentwürfe, was können und wollen sie fordern, wogegen wendet sich mögliche Kritik, wer ist der intendierte Hörer und wohin kann und soll die Reise in Zukunft gehen? Lassen sich überhaupt eindeutige Ergebnisse angesichts der großen Pluralität, der verschiedenen Styles usw. finden?

Die Cultural Studies nehmen seit den 70er Jahren die ökonomische Dimension von Kultur erneut in den Blick und berühren Fragen nach den sozialen Bewegungen als Träger von politischer/n Musik/Liedern, sie berühren damit den Tendenz-Diskurs ebenso wie die Frage nach der Bedeutung von Avantgarden sowie von Mehrheiten.

Das sind in der Tat zum Teil alte Fragen, die heute schwieriger zu beantworten sind denn je, Fragen, die die Vereinbarkeit von politischer Waffe, Protest und Wort mittels Liedern im Blick haben, Lieder, die neben politischen, polemischen oder rationalen Kampfaussagen, Ernsthaftem oder ironisch Gebrochenem Lustvolles und Libidinöses ansprechen.

Die alten Aufklärungsideale und das, was ich in Anlehnung an Böning utopischen Anspruch nennen möchte, sind besonders angesichts der ausbleibenden sozialen Bewegungen im heutigen Deutschland weiterhin zu fordern: aufrütteln, gewinnen, vereinen, (ver)stören, benennen, thematisieren, anstoßen und nicht zuletzt berühren kann Musik, können Lieder. Ohne Aufklärung ist eben keine dialektischen Auseinandersetzung zu erwarten und ohne inhaltliche und formale Brüche (im Gegensatz zu den alten eindeutigen Protestformen und Gegenentwürfen) kann man heute als Teil einer turbokapitalistischen Musikindustrie auch nicht mehr glaubhaft politisch sein.

---

22 Jürgen Reiche: Mythos Rock. Politik und Rockmusik. In: ebd., S. 13–19.

Die Forderung nach einer solchen Dialektik, die die eigenen Widersprüche selbst thematisiert, verlangt nach Liedern, die nicht eindeutig oder parolenhaft sind, sondern die selbstkritische, ironische, differenzierte Texte haben, die vielleicht über die Selbstthematisierung das vorantreiben können, worum es geht: Bemerken der Unmündigkeit; Aufbrechen des „mimetischen Bedürfnisses nach der Identifikation mit dem Unabänderlichen"[23], Aufbegehren gegen Elend und Ungerechtigkeit, gegen Krieg und Gewalt und das Eintreten für Nähe, Witz und Selbstreflexion und nicht zuletzt für die Freude.

Politische Lieder können da, wo sie massenwirksam sind, ebenso Text und Musik zum Brüchigen verbinden, zum Widersprüchlichen stehen und differenziert und kritisch mit der eigenen Rolle im Musikgeschäft umgehen. Da, wo Lieder und ihre Macher ihre identitätsstiftende Funktion, ihre gemeinschaftserzeugende Wirkung und ihr „Erreichen-Können" im Blick haben, können sie, wenn sie denn nicht instrumentalisieren, sondern aufklären wollen, zu Protest und neuem Gegenentwurf anregen: Lieder, die heute sicherlich nicht in altem Gewand, sondern in Gestalt von transformierten Liedern, nicht mehr nur gegen ein „Ihr" kämpfen, sondern auch gegen ein „Wir", ein „Ich". So ist die Beeinflussung von politischen Diskursen durch politische Lieder in eine dialektisch-politische, selbstkritische, gesellschafts- und sozialkritische Richtung denkbar.

Zusammenfassend lassen sich, wie zuvor skizziert, musikalische, gestalterische, stimmungsbezogene Veränderungen nach 1989 festhalten, die ich Ihnen jetzt anhand von drei Beispielen verdeutlichen möchte, welche ganz unterschiedliche Wege finden, kritisch zu sein. Sie sind sowohl musikalisch äußerst unterschiedlich, sie sind es jedoch auch unter literarischen Gesichtspunkten; sie können alle drei als beispielhaft für neue Formen von politischen Liedern gelten, die sich in den beschriebenen Widersprüchen zwischen Protest und Resignation, zwischen Lust und Frust, zwischen Anpassung und Widerstand bewegen; ich hoffe, sie führen im Anschluss zu einer angeregten Diskussion.

4. Hörbeispiel: Funny van Dannen – Kapitalismus[24]

Ich will den Kapitalismus lieben, weil so viel für ihn spricht,
ich will den Kapitalismus lieben, aber ich schaff' es einfach nicht.

Dabei verdanken wir ihm ein Menge, wo wäre unser Wohlstand, ohne ihn,
er ist das Element, das uns verbindet, er ist der Strang, an dem wir zieh'n;
er holt aus jedem von uns das Beste, hoch lebe die Konkurrenz,
wo gestern noch Trabbis stanken, fährt man heute BMW und Benz.

23 Gerhard Schweppenhäuser: Einleitung. Kunst als Erkenntnis und Erinnerung. Herbert Marcuses Ästhetik der „großen Weigerung". In: Herbert Marcuse: Nachgelassene Schriften, S. 16.
24 Funny van Dannen: Kapitalismus. Auf: Groooveman 2002.

Doch was ich bin, das bin ich durch ihn,
ich habe in verinnerlicht, na klar.
Der Kampf um's Dasein hält mich in Bewegung,
sonst wär' ich faul, na ist doch wahr.
Es ist so oft die Rede von sozialer Kälte,
aber die gab's bei'm Neandertaler schon.
Jetzt haben wir wenigstens Heizung
und warmes Wasser und Telefon.

Das liegt wahrscheinlich an den Scheiß-Verlierern,
die sich immer auf andere verlassen.
Die ihr Leben nicht geregelt kriegen
und mir ein schlechtes Gewissen verpassen.
Das liegt an dieser christlichen Erziehung,
an dieser komischen Schwäche für die Schwachen.
Als ob das die bessere Menschen wären,
da kann ich ja nur lachen.

Ich will den Kapitalismus lieben, denn er liebt mich ja auch.
Er hat mir so viel gegeben, ich hab' alles was ich brauch'.
Obwohl ich ihn so hasste und ich habe scharf kritisiert.
Aber er hat ein großes Herz, er hat mich voll integriert.

Ich will den Kapitalismus lieben, ich hoffe, dass er das hört,
ich will den Kapitalismus lieben, mit allem was dazugehört.
Ich will den Kapitalismus lieben, ich will und kann es nicht;
und das wird so weiter geh'n, bis einer von uns zusammenbricht.

5. Hörbeispiel: Jan Delay – Die Söhne Stammheims[25]

Endlich sind die Terroristen weg und es herrscht
Ordnung, Ruhe und Frieden.
Das bisschen Gesindel, das noch in den Knästen steckt,
tut sowieso keinen mehr interessieren.

Nun kämpfen die Menschen nur noch für Hunde und Benzin,
folgen Jürgen und Zlatko; doch nicht mehr Baader und Ensslin.
Für sie herrschen sorglose Zeiten, da kein bisschen
Sprengstoff sie daran hindert, ihre Geschäfte zu betreiben.

Endlich haben sie keine Angst mehr,
verkaufen fröhlich ihre Panzer.

25 Jan Delay: Die Söhne Stammheims. Auf: Searching for the Jan Soul Rebels 2001.

Jeden Tag sieben Kinder abschieben
und dann zum Essen mit dem Kanzler.

Endlich sind die Terroristen weg und es herrscht
Ordnung, Ruhe und Frieden.
Und man kann wieder sicher Mercedes fahren,
ohne dass die Dinger immer explodieren.

6. Hörbeispiel: Hans-Eckardt Wenzel – Sie werden kommen[26]

Sie werden kommen, der Tag ist nicht fern/ Aus den verwahrlosten Städten/
Und reißen uns nachts in London und Bern/ Aus den Schlaraffia-Betten./
Wir werden erwachen – wie immer zu spät –/ Wenn sie in der Türfüllung stehen/
Um erbleichend das schärfste Küchengerät/ In ihren Händen zu sehen.

O le o he! Seemannsbraut ist die See./
Sind wir erst einmal an Bord/ Treibt uns die Sehnsucht fort.

Sie werden mit langen Stangen aus Stahl/ Die glänzenden Schränke zerhaun/
Um für den nächsten Cholerafall/ Sich Kindersärge zu baun./
Sie schleppen die toten Säuglinge mit/ Und all ihre Infektionen/
Und öffnen mit einem gewaltigen Tritt/ Die Türen der Fernsehstationen.

O le o he! Seemannsbraut ist die See./
Sind wir erste einmal an Bord/ Treibt uns die Sehnsucht fort.

Gebt uns, schreien sie, die Bilder her,/ Die unsere Träume besetzten/
Die Augen sind voll, die Bäuche sind leer,/ Wir waren die Allerletzten./
Sie wurden im Radio Barbaren genannt,/ Verbrecher, vertierte Verführer,/
Sie stecken die Galerien in Brand/ Mit Werken von Goya und Dürer.

O le o he! Seemannsbraut ist die See./
Sind wir erst einmal an Bord/ Treibt uns die Sehnsucht fort.

Schon leben sie unter den Städten versteckt/ In Tunneln und U-Bahn-Schächten./
Tagtäglich wird eine Erschießung vollstreckt/ Im Namen von Ausnahmerechten./
Europas Armee an der Küste hält stand/ Verteidigt die Reiche der Reichen/
Bis zu den Augen im Dünensand/ Bis zu den Bergen aus Leichen.

---

26 Hans-Eckardt Wenzel: Sie werden kommen: Auf: Himmelfahrt 2005.

5. Literatur:

- Bimberg, Siegfried: Lieder von Wende zu Wende. Das deutsche Gemeinschaftslied im 20. Jahrhundert. Essen 1998.
- Böning, Holger: Der Traum von einer Sache. Aufstieg und Fall der Utopien im politischen Lied der Bundesrepublik und der DDR. Bremen 2004.
- Eder, Klaus: Kulturelle Identität zwischen Tradition und Utopie. Soziale Bewegungen als Ort gesellschaftlicher Lernprozesse. Frankfurt am Main 2000.
- Farin, Klaus: Jugendkulturen zwischen Kommerz und Politik. Bad Tölz 1998.
- Flohé, Alexander; Schmoliner, Stephanie: Popmoderne und Protest. Musik zwischen Subversion und Aneignung. In: Forschungsjournal Neue Soziale Bewegungen 3 (2006).
- Goll, Thomas: Herrschaftssicherung und Opposition. Aspekte der DDR-Geschichte in Liedern. Freising 2004.
- Hermann, Britta: Cultural Studies in Deutschland. Chancen und Probleme transnationaler Theorieimporte für die (deutsche) Literaturwissenschaft. In: Kulturwissenschaftliche Literaturwissenschaft. Hg. v. Ansgar Nünning und Roy Sommer. Tübingen 2004, S. 33–53.
- Jacobs, Günther: Was ist ein Protestsong? http://www.rock-links.de/texte/protestsong.htm (28.09.2006).
- Kochan, Thomas: Den Blues haben. Momente einer jugendlichen Subkultur in der DDR. Münster, Hamburg, Berlin 2002.
- Marcuse, Herbert: Musik vom anderen Planeten. In: Herbert Marcuse. Nachgelassene Schriften Bd. 2. Kunst und Befreiung. Hg v. Peter-Erwin Jansen. Lüneburg 2000.
- Ebd.: Der eindimensionale Mensch. Studien zur Ideologie der fortgeschrittenen Industriegesellschaft. Neuwied und Berlin 1967.
- Möller, Katrin: Liedkultur in der DDR. Ausgleich für eine nicht funktionierende gesellschaftliche Öffentlichkeit. Schkeuditz 2003.
- Nieland, Jörg-Uwe: From Music to Politics and from Politics to Music? In: Flohé, Alexander; Schmoliner, Stephanie: Popmoderne und Protest. Musik zwischen Subversion und Aneignung. In: Forschungsjournal Neue Soziale Bewegungen 3 (2006). Stuttgart 2006, S. 20–29.
- Ostalgie als Erinnerungskultur? Symposium zu Lied und Politik in der DDR. HG. v. Thomas Goll und Thomas Leuerer. Baden-Baden 2004.
- Reiche, Jürgen: Mythos Rock. Politik und Rockmusik. In: Alexander Flohé, Stephanie Schmoliner: Popmoderne und Protest. Musik zwischen

Subversion und Aneignung. In: Forschungsjournal Neue Soziale Bewegungen 3 (2006). S. 13–19.

- Schweppenhäuser, Gerhard: Einleitung. Kunst als Erkenntnis und Erinnerung. Herbert Marcuses Ästhetik der „großen Weigerung". In: Herbert Marcuse: Nachgelassene Schriften Bd. 2. Kunst und Befreiung. Hg v. Peter-Erwin Jansen. Lüneburg 2000, S. 13–40.
- Wir packen's an. Hg. v. Ingrid Lammel. Berlin 1978.

Bildnachweis

EMG (Lübeck): U1, S. 1. Abdruck aus: Gerd W. Jungblut (Hrsg.), In meiner Posaune muß ein Sandkorn sein. Briefe 1900–1934. Vaduz: Topos 1984: U4

Bornemann, Bernd (Lübeck): S. 7–17

Kastner, Wolfram P. (München): S. 59–64

Koczorski, Norbert (Diepholz): S. 20–25

Vielen Dank für die Genehmigung des Drucks der Abbildungen.

Publikationen der Erich-Mühsam-Gesellschaft

Die EMG gibt zwei Publikationsreihen heraus: das „Mühsam-Magazin" und die „Schriften der Erich-Mühsam-Gesellschaft". Bisher sind erschienen:

Mühsam-Magazin:

Heft 1 (1989):   (vergriffen)

Heft 2 (1990):   (vergriffen)

Heft 3 (1992):   (vergriffen)

Heft 4 (1994):   Mit der unveröffentlichten Erzählung „Tante Klodt" von Erich Mühsam

Heft 5 (1997):   Mit dem Sylter Tagebuch (1891) von Erich Mühsam

Heft 6 (1998):   Mit Materialien zum Streit um die Mühsam-Rechte

Heft 7 (1999):   Mit Materialien der Tagung „Erich Mühsam und die Kunst" und der Preisverleihung 1997

Heft 8 (2000):   Mit „Im Nachthemd durchs Leben" (1914) von Reinhard Koester, Carl Georg von Maaßen und Erich Mühsam

Heft 9 (2001):   Mit Materialien zum Verhältnis Erich Mühsams zu Senna Hoy, Oskar Maria Graf und Emmy Hennings

Heft 10 (2003):   Mit Materialien zur Rettung der Lübecker Löwen-Apotheke und zur Roten Hilfe

Heft 11 (2006)   Mit Beiträgen zu Margarethe Faas-Hardegger, Johannes Nohl und Peter Hille

Schriften der Erich-Mühsam-Gesellschaft:

Heft 1 (1989): Chris Hirte: Wege zu Erich Mühsam (vergriffen)

Heft 2 (1991): Erich Mühsam – Revolutionär und Schriftsteller (2. Aufl. 1997)

Heft 3 (1993): Erich Mühsam und … (der Anarchismus und Expressionismus; die „Frauenfrage"; Ludwig Thoma) (2. Aufl. 1998)

Heft 4 (1993): Die Graswurzelwerkstatt / Erich-Mühsam-Preis 1993 (vergriffen)

Heft 5 (1994) Der „späte" Mühsam

Heft 6 (1994): Kurt Kreiler: Leben und Tod eines deutschen Anarchisten

Heft 7 (1995): Anarchismus im Umkreis Erich Mühsams

Heft 8 (1995): Musik und Politik bei Erich Mühsam und Bertolt Brecht

Heft 9 (1995): Zenzl Mühsam: Eine Auswahl aus ihren Briefen. Herausgegeben von Uschi Otten und Chris Hirte

Heft 10 (1995): Andreas Speck: Sich fügen heißt lügen: Die Geschichte einer totalen Kriegsdienstverweigerung / Erich-Mühsam-Preis 1995 (vergriffen)

Heft 11 (1996): Frauen um Erich Mühsam: Zenzl Mühsam und Franziska zu Reventlow

Heft 12 (1996): Erich Mühsam – Thomas Mann – Heinrich Mann. Berührungspunkte dreier Lübecker

Heft 13 (1997): Birgit Möckel: Das Ende der Menschlichkeit. George Grosz' Lithographien, Aquarelle und Zeichnungen aus Anlaß der Ermordung Erich Mühsams

Heft 14 (1997): Allein mit dem Wort: Erich Mühsam, Carl von Ossietzky, Kurt Tucholsky – Schriftstellerprozesse in der Weimarer Republik (2. Aufl. 2003)

Heft 15 (1999): Literatur und Politik vor dem 1. Weltkrieg: Erich Mühsam und die Bohème

Heft 16 (2000): Erich Mühsam und andere im Spannungsfeld von Pazifismus und Militarismus

Heft 17 (1999):	Dietrich Kittner: Kleine Morde – Große Morde – Deutsche Morde / Zur Verleihung des Erich-Mühsam-Preises 1999 (vergriffen)
Heft 18 (2000):	Thomas Dörr: „Mühsam und so weiter, was waren das für Namen …" – Zeitgeist und Zynismus im nationalistisch-antisemitischen Werk des Graphikers A. Paul Weber (vergriffen)
Heft 19 (2000):	Anarchismus und Psychoanalyse zu Beginn des 20. Jahrhunderts – Der Kreis um Erich Mühsam und Otto Gross
Heft 20 (2002):	„Bücher kann man nicht umbringen" – Zur Verleihung des Erich-Mühsam-Preises 2001 an Mumia Abu-Jamal
Heft 21 (2002):	Erich Mühsam und das Judentum
Heft 22 (2003):	Das Tagebuch im 20. Jahrhundert – Erich Mühsam und andere
Heft 23 (2004):	Ausstellung zum 125. Geburtstag Erich Mühsams – Festschrift mit Preisverleihung an die „junge Welt"
Heft 24 (2004):	„Sei tapfer und wachse dich aus." Gustav Landauer im Dialog mit Erich Mühsam – Briefe und Aufsätze. Herausgegeben und bearbeitet von Christoph Knüppel
Heft 25 (2004):	Die Rote Republik. Anarchie- und Aktivismuskonzepte der Schriftsteller 1918/19 und das Nachleben der Räte – Erich Mühsam, Ernst Toller, Oskar Maria Graf u. a.
Heft 26 (2005):	„Den Schwachen zum Recht verhelfen" – Erich-Mühsam-Preis 2005 an Felicia Langer
Heft 27 (2006):	Von Ascona bis Eden – Alternative Lebensformen
Heft 28 (2007):	„Eingesperrt sind meine Pläne namens der Gerechtigkeit." – Politische Haft, Folter, Todesstrafe: Erich Mühsam und andere
Heft 29 (2007):	„Ferien vom Krieg" – Erich-Mühsam-Preis 2007 an das Komitee für Grundrechte und Demokratie
Heft 30 (2008):	Kunst als politische Waffe oder als Mittel der Aufklärung?

Soweit die Hefte nicht vergriffen sind, können sie bei der EMG oder im Buchhandel erworben werden.

Stand: 01/2008

Erich-Mühsam-Gesellschaft e. V., Lübeck

1. Buddenbrookhaus, Mengstr. 4, 23552 Lübeck
2. Sabine Kruse, Charlottenstr. 23, 23560 Lübeck

www.erich-muehsam-gesellschaft.de
www.buddenbrookhaus.de
eMail: info@buddenbrookhaus.de

Längst überfällig war sie. Seit dem 111. Geburtstag am 6.4.1989 existiert sie und soll mit **Ihrer** Unterstützung lebendige Arbeit leisten.

Aufgabe der Erich-Mühsam-Gesellschaft ist es, das Andenken des Schriftstellers zu erhalten, in seinem Geist die fortschrittliche, friedensfördernde und für soziale Gerechtigkeit eintretende Literatur zu pflegen und seine Absage an jede Unterdrückung, Gewalt und Diskriminierung von Minderheiten für die Gegenwart zu nutzen.

Unsere Pläne:

- Aufbau eines Archivs in Lübeck
- Schaffung eines Erich-Mühsam-Museums in Lübeck
- Lesungen und Inszenierungen
- Vorträge und Seminare
- Förderung der wissenschaftlichen Forschung
- Herausgabe weiterer Hefte der Schriftenreihe und des Magazins
- Vergabe eines Erich-Mühsam-Preises

Ein früherer Lübecker Bürgermeister hat – bezogen auf Thomas und Heinrich Mann sowie Erich Mühsam – gesagt: „Dass die auch gerade alle aus Lübeck sein müssen – was sollen die Leute im Reich von uns denken!" Nun – die Brüder Mann mussten emigrieren, Mühsam wurde auf grausame Weise 1934 im KZ Oranienburg ermordet. Das „Reich" ging kaputt ...

Der Schriftsteller, Dramatiker, Bänkelsänger, Lyriker, Zeichner, Essayist, antimilitaristische Agitator und Journalist Erich Mühsam gehört zu den bedeutendsten und vielseitigsten kritischen Talenten Deutschlands im frühen 20. Jahrhundert. Es gilt, diesen wichtigen Sohn Lübecks, der für Frieden und Freiheit kämpfte, in das Bewusstsein der Öffentlichkeit zu bringen.

Die Erich-Mühsam-Gesellschaft e. V. ist vom Finanzamt Lübeck nach § 5, Abs. 1 Nr. 9 KstG mit Steuernummer 662-HL als gemeinnützig anerkannt.